U0070369

強者找方法

失敗者製造問題

昨天是過期的支票，明天是尚未兌現的本票，

只有今天是可以流通的現金

林庭峰，吳學剛 —— 編著

方法和問題是一對孿生兄弟，

世上沒有解決不了的問題，只有不會解決問題的人。

【方法不是技巧】一種技巧只能夠為你解決一個問題。

【方法不是經驗】經驗是後知後覺，方法是先知先覺。

【方法不是投機】方法不以盲目追求「快速」為目的。

閱讀本書，你會發現只要找對方法，問題總是如此簡單！

目錄

目錄

第三章　投其所好，知己知彼好做事

第四章　做事要講究分寸

第五章　細節決定成敗，小事成就大事

目錄

目錄

前言

人的一生中會面臨各種各樣的問題，工作、生活、情感等一系列問題構成了我們人生的全部內容。

面對問題，有人選擇了逃避，有人選擇了面對，失敗與成功也隨之有了歸屬。

其實，任何問題都有解決的方法，方法和問題是一對孿生兄弟，世上沒有解決不了的問題，只有不會解決問題的人。問題是失敗者逃避責任的藉口，因此他們永遠不會成功。而那些優秀的人不找藉口找方法，把問題當成機會和挑戰，因此成為成功者。所以，當你遇到問題時，應坦然面對，勤於思考，積極轉換思路，尋求問題的解決方法，最終你會發現：問題再難，總有解決的方法，找對方法才能做對事。

正如《孫子兵法・計篇》中說：「多算勝，少算不勝，何況無算乎？」意思是說：考慮周全，方法得當，這樣就能成功、勝利；考慮得少，籌劃不足，就不會勝利，更不要說不考慮而莽撞行事了。水為什麼能夠達到目的，直奔大海？就是因為它能

巧妙的避開所有的障礙。

凡事找對方法很重要，方法對了，才能高效率做事，才能做成事，進而成就自己。

有一句話叫「方法永遠比問題多」，就像世界上出現鎖以後就必然有與之對相對的鑰匙一樣，問題與方法也是共存的。找到方法，找對方法，在今天這樣一個處處以結果說話，以事實說明問題的時代，已經變成不可替代。對每個人而言，能夠找到、找對方法已經成為人生中一項最重要的技能。

方法是一種思路，而不單單是一種技巧。一種技巧只能為你解決一件事，而你要學會的是把這種思路延展開，在更多的工作和生活中找到並找對方法。

方法不等同於經驗。經驗是後知後覺，而方法是先知先覺。方法得益於思考，也得益於間接與直接的經驗。

方法不是投機，不以盲目追求「快速」為目的，但能夠抓住問題的關鍵，最好的解決問題。

任何問題都有解決的方法，方法總比問題多，關鍵是我們對待問題的態度。當遇到問題時，平庸者不是主動去找方法解決，而是找藉口迴避問題；而優秀者則是把問題當作機遇，積

極的尋找解決問題的方法，將問題變為成功的機會。本書從做事心態、精心籌劃、高效率做事、注重細節等幾大部分來進行闡述，讓我們能夠輕而易舉的找對方法，做對事情。本書既有理論的闡述，又有具體方法的講解，啟發你以積極的心態去面對問題，在遇到問題時運用一些思考技巧，掌握各種有效解決問題的方法，以最快速的方式成為一名出色的方法高手，將問題和挑戰轉變為機遇，順利走向成功。

當你閱讀本書，學習書中的方法，並適當的用於現實生活中，你會猛然發現，只要找對了方法，事情做起來居然是如此的簡單。

前言

第一章
沒有不可能，方法總比問題多

世上沒有解決不了問題，只有找不到方法的人，成為方法高手，做問題的終結者。問題面前有兩種人：一種人是一味退縮，「我不行，我找不到好方法」；另一種人就是迎難而上，堅信如果有一千個問題，必有一千零一種方法。後一種人永遠不會被問題難倒，他們總能找到適當的方法。

永遠不說不可能

　　年輕沒有失敗，因為年輕，永遠不說不可能。挫折絕不等於失敗。遇到困境，要勇於面對它，並且戰勝它，這才是正確的人生態度。我們應該明白，任何成功的人在成功之前，均遭遇過不同程度的失敗。愛默生說過：「我們的力量來自於我們的軟弱，直到我們被戳、被刺，甚至被傷害到疼痛的程度時，才會喚醒飽藏著神祕力量的憤怒。偉大的人物總是願意被當成小人物看待，當他坐在占有優勢的椅子上時，便昏昏睡去。當他被搖醒、被折磨、被擊敗時，便有機會可以學習一些東西了。此時他必須運用智慧，發揮他的剛毅精神，他會了解事實真相，從他的無知中學習經驗，治療好他的自負精神病。最後，他會調整自己並且學到真正的技巧。」或許我們不是什麼偉大的人，但是我們可以擁有偉人的精神，經歷過挫折，但永遠不說不可能。

　　愛迪生經歷過一萬多次的失敗，才發明了燈泡。而小兒麻痺疫苗也是在適用了無數介質，才培育出小兒麻痺疫苗。斯巴昆說：「有許多人一生之偉大，來自他們所經歷的大困難。」困難之下，我們覺得就要失敗了，永遠不可能成功了。但是有太多的例證告訴我們事實恰好相反。

　　溫特沃思‧米勒在讀小學的時候，曾經跟他的父親一起看過一部反映「二戰」的影片，從此他愛上了演員這個職業，從普

林斯頓大學畢業後,他選擇進入好萊塢做一名演員。然而剛開始的一些年裡,沒有任何劇組給過米勒機會。他需要靠打雜來維持基本的生活。在多年的歷練中,他深深的明白了什麼是生活,明白自己真正需要的是什麼。

是的,過了十年仍守著看不見希望的夢想的人確實少見,甚至有人勸他離開好萊塢。終於,二〇〇三年,他出演了《人性汙點》,他和奧斯卡影帝安東尼霍普金斯分別飾演了希克這個角色的青年和老年。本以為憑藉這個角色,他的人生會出現轉機,可是他仍陷在無止境的試鏡中。這時候,一向支持米勒的老父親,也開始勸他別做夢了,也許演員這個職業不適合他。

然而,米勒說什麼也不肯放棄,他堅信前方一定有亮光,他的心中一直存有夢想,他相信自己不會一直這樣下去。也許命運之神正是因為看到了他的不肯放棄,才終於對他揮了揮手。最後,他在《越獄風雲》中出演了麥可・史考菲,米勒一夜之間成為了全球最受歡迎的男演員。那漫長的十年堅守,終於換得了最後的成功。

在米勒的字典裡,沒有「不可能」三個字,在他的心中,一直存留著最初的夢想,這讓我們深深欣羨。或許應該說,逆境與憂苦,能將我們的心靈炸破。在那炸開的裂縫裡,會有豐盛的經驗,新鮮的歡愉,不息的奔湧而去。有太多人不到窮苦潦倒,不會發現自己的力量。某些「災難」的折磨,足以助我們發現「自己」。

被人譽為「樂聖」的德國作曲家，貝多芬，一生遭遇了說不清的磨難困苦，後來雙耳失聰，然而，他勇敢的扼住了命運的咽喉，奏出了生命的「第五交響曲」，這正如他寫給一位公爵的信中所說：「公爵，你之所以成為公爵，只是由於偶然的出身，而我成為貝多芬，是靠我自己。」我們很難想像那些「不可能」怎麼會出現在貝多芬的身上，然而事實是無法改變的。貝多芬在他短暫的生命裡，向我們詮釋了一種執著，一種永遠向困難說「不」的傲氣。

年輕的我們，明白生活中的那些堅毅，那些付出，那些黑夜裡的困惑和猶疑，都不能阻止夢想的生長，因為有夢想，因為相信自己不可能永遠活在黑暗中，我們才會奮力的抓住一切可能的機會，付出光陰，付出努力，甚至付出生命，這種付出，代表的是最高貴的靈魂追求，代表著最向上的心理。或許從另一個角度說，一個人的一生中不論經過多少的痛苦，多少的失敗，但是只要最終是成功的，這一切其實又算得了什麼呢？將因挫折沮喪帶來的不快樂、把「不可能」之類的言辭丟掉吧。年輕的我們，在追尋夢想的道路上，永遠不說不可能。

別人行，我也肯定行

事業成功不是一夜之間就達成的，它是一個循序漸進的過程。所有成功的出發點來自於一個想法，那就是別人行，我

也肯定行。而且經過一段時間，當你獲得幾次成功之後，你會想，別人不行我也行，我為什麼要總是跟著別人學，我要讓他們跟著我來學。

愛默生說：「自信是成功的第一祕訣。」自信能夠產生一種巨大的力量，它的確能推動我們走向成功。自信是成大事者的心燈。

美國學者查爾斯十二歲時，在一個星期天下午，在紙上胡亂作畫，畫出了一隻菲力貓，它是大家所喜歡的卡通角色。他把畫拿給了父親。當時這樣做有點魯莽，因為每到星期天下午，父親就拿著一大堆閱讀資料和一袋無花果獨自躲到他們家所謂的客廳裡，關上門去忙他的事，他不喜歡有人打擾。

但這個星期天下午，他卻把報紙放到一邊，仔細的看著這幅畫。「棒極了，這畫是你自己畫的嗎？」「是的。」父親認真打量著畫，點著頭表示讚賞，查爾斯在一旁激動得全身發抖。父親幾乎從沒說過表揚的話，很少鼓勵他們五兄妹。他把畫還給查爾斯，說：「在繪畫上你很有天賦，堅持下去！」從那天起，查爾斯看見什麼就畫什麼，把練習本都畫滿了，對老師所教的東西毫不在乎。

父親離家後，查爾斯只好自己想辦法過日子，並時常寄給父親一些素描畫並眼巴巴的等著回信。父親很少寫信，但當他回信時，其中的任何表揚都讓查爾斯興奮幾個星期，他相信自

己將來一定會有所成就。

在美國經濟大蕭條那段最困難時期，父親去世了，除了福利金，查爾斯沒有別的經濟收入，他十七歲時只好離開學校。受到父親生前話語的鼓勵，他畫了三幅畫，畫的都是多倫多楓樂曲棍球隊裡聲名大噪的「少年隊員」，其中有瓊‧普里穆、哈爾維、「二流球手」傑克森和查克‧康納徹，並且在沒有約定的情況下把畫交給了當時多倫多《環球郵政報》的體育編輯邁克‧洛登，第二天邁克‧洛登便僱用了查爾斯。在以後的四年裡，查爾斯每天都給《環球郵政報》體育版畫一幅畫。那是查爾斯的第一份工作。

美國作家查爾斯到了五十五歲時還沒寫過小說，也沒打算過這樣做。在向一個國際財團申請有線電視網執照時，他才有了這樣的想法。當時，一個在管理部門的朋友打電話來，說他的申請可能被拒絕，查爾斯突然面臨著這樣一個問題：「我今後怎麼辦？」查閱了一些卷宗後，查爾斯偶爾用十幾句潦草的字體，寫下了一部電影的基本情節。他在辦公室裡靜靜的坐了一會兒，思索著是否該把這項工作繼續下去，最後他拿起話筒，給他的朋友、小說家亞瑟‧黑利打了個電話。

「亞瑟」。查爾斯說，「我有一個自認為不尋常的想法，我準備把它寫成電影。我怎樣才能把它交到某個經紀人或製片商，或是任何能使它拍成電影的人手裡？」「查爾斯，這條路成功的機會幾乎等於零。即使你找到某人採用你的想法並把它變為現

實，我猜想你的這個故事大概所得的報酬也不會很大。你確信那真是個不同尋常的想法嗎？」「是的。」「那麼，如果你確信，哦，提醒你，你一定要確信，為它押上一年時間的賭注。把它寫成小說，如果你能做到這一點，你會從小說中得到收入，如果很成功，你就能把它賣給製片商，得到更多的錢，這是故事大概遠遠不能做到的。」查爾斯放下話筒，開始問自己：「我有寫小說的天賦和耐心嗎？」他沉思後，對自己越來越有信心。他開始自己進行調查、安排情節、描寫人物……為它賭上了一年還要多的時間。

一年又三個月後，小說完成了，在加拿大的麥克萊蘭和斯圖爾特公司，在美國的西蒙公司、舒斯特和艾瑪袖珍圖書公司，在大不列顛、義大利、荷蘭、日本和阿根廷這部小說均得到出版。結果，它被拍成電影，由威廉‧沙特納、哈爾‧霍爾布魯克、阿瓦‧加德納和凡‧強森主演。此後，查爾斯又寫了五部小說。

假如你有自信，你就會獲得比你的夢想多得多的成功。

我們常會見到這樣的年輕人，他們總是對自己所在的環境不滿意，由此產生了苦惱。例如：有個學生沒有考上理想的學校，覺得自己比不上別人，很自卑。於是書也念不下，一天天心不在焉的混日子。

有的年輕人對自己的工作不滿意，認為賺錢少、職位低，

19

比不上別人：心裡又是自卑，又是消沉，天天懶洋洋的，做什麼也打不起精神來。於是工作常出錯，上司不喜歡他，同事也認為他沒出息。如此一來，他就越來越孤獨，越來越被公司的人排擠，越來越遠離快樂和成功。

其實，年輕如果對自己目前的環境不滿意，唯一的辦法就是讓自己戰勝這個環境。就拿走路來說，當你不得不走過一段狹窄艱險的路段時，你只能打起精神克服困難，戰勝險阻，把這段路走過去，而絕不是停在途中抱怨，或索性坐在那裡聽天由命。

成功者有一個顯著特徵，就是他們會對自己充滿了極大的信心，會相信自己的力量。而那些沒有做出多少成績的人，其顯著特徵則是缺乏信心。正是這種信心的喪失，使得他們卑微怯懦、唯唯諾諾。

堅定的相信自己，絕不容許任何東西動搖自己有朝一日必定事業成功的信念，這是所有取得偉大成就人士的基本素養。許多極大的推進了人類文明進程的人開始時都落魄潦倒，並經歷了多年的黑暗歲月。在這些落魄潦倒的黑暗歲月裡，別人看不到他們事業有成的任何希望。但是他們卻毫不氣餒，始終如一的兢兢業業的刻苦努力，他們相信終有一天會柳暗花明。

想一想這種充滿希望和信心的心態，對世界上那些偉大的創造者的作用吧！在光明到來之前，他們在枯燥無味的苦苦求

索中煎熬了多少年！要不是他們的信心、希望和鍥而不捨的努力，成功的時刻也許永遠不會到來。信心是一種心靈感應，是一種思想上的先見之明。

曾經擔任過美國足聯主席的戴偉克‧杜根，說過這樣一段話：「你認為自己被打倒了，那麼你就是被打倒了；你認為自己屹立不倒，那你就屹立不倒；你想勝利，又認為自己不能，那你就不會勝利；你認為你會失敗，你就失敗。因為，環顧這個世界成功的例子，我發現一切勝利，皆始於個人求勝的意志與信心。你認為自己比對手優越，你就是比他們優越；你認為比對手低劣，你就是比他們低劣。因此，你必須往好處想，你必須對自己有信心，才能獲取勝利。在生活中；強者不一定是勝利者；但是，勝利遲早屬於有信心的人。」

信心是使人走向成功的第一要素。換句話說，當你真正建立了自信，那麼你就已開始步向事業的輝煌。

從前，在非洲，有一個農場主，一心想要發財致富。一天傍晚，一位珠寶商前來借宿。農場主對珠寶商提出了一個藏在他心裡幾十年的問題：「世界上什麼東西最值錢？」

珠寶商回答道：「鑽石最值錢！」

農場主又問：「那麼在什麼地方能夠找到鑽石呢？」珠寶商說：「這就難說了。有可能在很遠的地方，也有可能在你我的身邊。我聽說在非洲中部的叢林裡蘊藏著鑽石礦。」

　　第二天，珠寶商離開了農場，四處去收購他的珠寶去了。農場主卻激動得一宿未闔眼，並馬上做出一個決定：將農場以最低廉的價格賣給一位年輕的農民，就匆匆上路，去尋找遠方的寶藏。

　　第二年，那位珠寶商又路過農場，晚餐後，年輕的農場主和珠寶商在客廳裡閒聊。突然，珠寶商望著書桌上的一塊石頭兩眼發亮，並鄭重其事的問農民這塊石頭是在哪裡發現的。農民說就在農場的小溪邊發現的，有什麼不對嗎？珠寶商非常驚奇的說這不是一塊普通的石頭，這是一塊天然鑽石！隨後，他們在同樣的地方又發現了一些天然鑽石。後來經勘測發現：整個農場的地下蘊藏著一個巨大的鑽石礦。而那位去遠方尋找寶藏的老農場主卻一去不返，聽說他成了一名乞丐，最後跳進尼羅河裡了。

　　這個故事不論在過去，還是在未來，都告訴我們：寶藏不在遠方，寶藏就在我們心中，給我們一個充滿強烈自信的原動力。

　　在人生的旅途上，我們可以停下來，靜靜的想想我們自己：在整個世界上，我是獨一無二的，沒有任何人會跟我一模一樣，為了實現我的使命，我已從祖祖輩輩的巨大積蓄中繼承了成功所需的一切潛在力量和才能，我的潛力無窮無盡，猶如深埋地下的鑽石寶礦。

　　年輕人首先要看得起自己，別人才會尊重你。自卑的人最主要的特徵是對自己的能力缺乏了解，因而缺乏信心。這種人老是談自己的問題，抱怨命不好，總是把困難看得太重，於是垂頭喪氣，永遠沒有挑戰的決心。這樣的人終將一事無成。

　　在一個人的信念系統中，有非常重要的一點，那就是如何看待自我。如果一個人對自我沒有一個清晰的認識，那也很難談到客觀的對待外部世界。

　　透過對機遇的研究，我們發現，成功者對自我都有一種積極的認識和評價，他們對自己表現出相當的自信。因為他們自信，所以才會相信自己的選擇、相信自己的事業有成功的可能，所以才會堅持到底，直到達到自己的目標。

　　在現代社會裡，年輕人要想成就一番大業，憑單槍匹馬的拼殺是不夠的，它更需要眾多人的支援和合作。這樣，自信便顯得尤為關鍵。一個人只有首先相信自己，才能說服別人來相信你；如果連自己都沒自信，那麼這意味著他已失去在這個世界上最可依靠的力量。

　　凡是有自信心的年輕人，都可表現為一種強烈的自我意識。這種自我意識使我們充滿了熱情、意志和戰鬥力，沒有什麼困難可以壓倒他們。他們的準則就是：我要贏！

步入激發潛能的氣氛中

卡內基指出：「在人的一生中，無論何種情形，你都要不惜一切代價，步入一種可能激發你潛能的氣氛中，可能促使你邁向自我發達之路的環境裡。」

羅賓斯沒上過大學，卻成為舉世聞名的激勵大師。在他數十年的職業生涯中，曾為柯林頓和曼德拉釋疑解惑，也曾給世界頂尖級的運動員指點迷津。

羅賓斯認為，貪婪畏縮和缺乏動力是阻礙人銳意進取的絆腳石，保持一種積極的心態是成功不可或缺的要素。人生的動力一如雪球，會越滾越大。富者越富，貧者越貧，差別就在這裡。當一個人感召別人時，也在改變著自己。過去已無法挽回，未來不可操作，只有現在採取行動。

全力去做自己擅長的事，才是最明智的選擇。成功的第一步就是趕緊行動，就要有進取心去促成行動。年輕人心中有美好的前景，才會想到要改變現實，進而訴諸於行動。在一次次巡迴演講中，他致力於喚醒聽眾的信心，試圖提高他們的生活素養，扭轉他們的人生航線。

要把夢想變為現實，就得為自己營造志在必得的心態。先了解自己最想要什麼，才能每天努力去追求，並維持追求的動力。生在什麼都不可能發生的家庭，羅賓斯之所以從不可能中脫穎而出，上進心就是他最大的資產。

一位老太太見到羅賓斯，迷惑不解的詢問：「我從早到晚都能看到你的身影，有時是在海報上，有時是在電視裡。我發現你總是那麼樂觀，總是那麼情緒高昂，你是怎麼保持這種精神狀態的？」

羅賓斯回答說：「因為我有動力，一種強勁的動力。人生每天都要面對各式各樣的挑戰。我創辦公司的目的不是賺錢，而是要幫助那些需要的老人孩子、流浪者或坐牢的人。我有妻子和四個孩子，希望自己能做得更好一點。跟普通人一樣，我也會傷心難過，也有洩氣、憤怒和失望的時候。然而隨著內在力量的不斷增強，被這些情緒困擾的時間也就越來越短。由一個月至一週，再到一天，現在最多不超過十五分鐘。從另一個角度看人生，我有一種全新的認識，知道自己最想要的是什麼，所以對未來一直心存美好的嚮往。」

要把夢想變為現實，就得為自己營造志在必得的心態。先了解自己最想要什麼，才能每天努去爭取。

在日本有一所特殊的大學，坐落在富士山下，有人稱之為人間地獄，也有人把它叫做鼓勵學校。每期學員僅受訓幾天，收取學費高達二十萬日元，這所學校培養的對象來自公司主管層，其辦校方針是讓處境不佳的管理者重振雄風，其恪守的準則是一百升汗水與眼淚。

學員一跨入校門，就會受到這樣的訓導：「為了今後成就

一番事業，你們必須付出汗水和眼淚，而完成科目的辦法只有一條：就是共同奮鬥，讓地獄變成天堂！」學校從不向學員傳授生意經和管理法，而是讓他們接受生活素養，扭轉他們的人生航線。

學校創始人本橋年代坦言道：「今天對學員們來說，需要的不是知識，而是別的東西。在現實生活中，那些瀕臨破產的人對各種情況瞭若指掌，他們欠缺的是抵抗力和自信心。我們把每個學員推到極限，就是要讓他們學會如何去擺脫困境。雖然學校傳授的東西很簡單，可每個學員都說從中吸取了力量，因為他們經受了極為難得的磨練。」

儘管在該校吃盡苦頭，學員們並不認為這是一種懲罰，也不認為是變相受難，反而覺得這裡的一切從未體驗，讓他們感到耳目一新。

不逃避困難是最好的選擇

在日常工作和生活中，有些年輕人總是抱著付出更少、得到較多的思想行事。如果他們能夠花點時間，仔細考慮一番，就會發現，工作和人生的因果法則是多勞多得、少勞少得，沒有不勞而獲的。因此，作為年輕人，無論在工作中，還是在整個人生之中，不逃避困難才是我們最好的選擇。

有時候，面對嚴峻的挑戰，有的年輕人退縮了，有的年輕

人這樣安慰自己「退一步海闊天空」，其實這樣的思想是萬萬要不得的，因為這是懈怠的跡象和苗頭。我們應該有「欲窮千里目，更上一層樓」的雄心壯志，堅決與困難不妥協，從而克服一切困難，走向成功。

艾科卡是美國汽車業無與倫比的經商天才。開始，他任職於福特汽車公司，由於他卓越的經營才能，使得自己的地位步步高升，直至坐到了福特公司的總裁。

然而，就在他的事業如日中天的時候，福特公司的老闆──福特二世擔心自己的公司被艾科卡控制，解除了艾科卡的職務並開除了他。

艾科卡在離開福特公司之後，有很多家世界著名企業的老闆都來拜訪艾科卡，希望他能重新出山，但被艾科卡婉言謝絕了。因為他心中有了一個目標，那就是：「從哪裡跌倒的，就要從哪裡爬起來！」

最終，他選擇了美國第三大汽車公司──克萊斯勒公司。他要向福特二世和所有人證明自己的才能和福特二世的錯誤。

艾科卡到克萊斯勒公司後，對面臨破產的克萊斯勒公司實行了大刀闊斧的改革，辭退了三十二個副總裁，關閉了幾個工廠，裁減和解雇的人員上千，從而節省了公司最大的一筆開支。整頓後的企業規模雖然小了，但卻更精幹了。另一方面，艾科卡仍然是用自己那雙與生俱來的慧眼，充分洞察人們的消

費心理，把有限的資金都花在刀口上，根據市場需要，以最快的速度推出新型車，從而逐漸與福特、通用三分天下，創造了一個與「哥倫布發現新大陸」同樣震驚美國的神話。

在一九八三年的美國民意測驗中，艾科卡被推選為「左右美國工業部門的第一號人物」。一九八四年，由《華爾街日報》委託蓋洛普進行的「最令人尊敬的經理」的調查中，艾科卡居於首位。同年，克萊斯勒公司盈利二十四億美元，美國經濟界普遍將該公司的經營好轉看成是美國經濟復甦的標誌。

有人曾經在這個時候呼籲艾科卡競選美國總統。如果在福特公司的艾科卡是福特的「國王」，那麼在克萊斯勒的艾科卡無疑就是美國汽車業的「國王」。

艾科卡之所以能創造這麼一個神話，完全是受惠於當年福特解職的逆境。正是因為這一磨難，才使艾科卡的事業步入無限的輝煌。

從艾科卡的經驗中，可見困難就像彈簧一樣，看你強不強，你強他就弱，你弱他就強。磨難有時也是一種成功的捷徑。人往往在快要淹死之際學會了游泳。許多人就是在危難之時發現自己的真實本事，發現自己懂得多少的。偉大船長（指哥倫布）能盛名遠揚，歷史上許多偉人能流芳百世，都應歸功於這些天賜良機。它以此妙法造就了許多偉人。

遇到任何困難，都不要灰心喪氣，相信「總有辦法解決」的

確是一種重要的態度。當你相信「總有辦法解決」時，你的心智自動將消極的想法變為積極主動的想法。你如果認為困難無法解決，就真的會無法解決；你相信可以解決，也就真的能找出答案來。因此，一定要拒絕「無能為力」的想法。努力向上攀登的人從不左顧右盼，更不會回頭看下面的深淵，他們只有聚精會神的觀察著眼前向上延伸的石壁，尋找下一個最牢固的支撐點，摸索邁向巔峰的最佳路線。

傳說古希臘的一位國王想給自己製一頂純金的皇冠。金匠把製好的皇冠獻給國王以後，國王把阿基米德召了進來，要他檢驗一下這頂皇冠是不是用純金製造的，但是不許損壞皇冠一絲一毫。這可是個天大的難題，阿基米德冥思苦想很長時間，仍然沒有找出解決這個問題的辦法。

一天，阿基米德在浴盆裡洗澡，當他身體浸入水中之後，突然感到自己的體重減輕了。這使阿基米德意識到水有浮力，而人受到浮力，是由於身體把水排開了。他高興極了，一下子從浴盆裡跳了起來，穿上衣服就跑出去手舞足蹈的高喊：「有辦法了！有辦法了！」

阿基米德立刻進宮，在國王面前將與皇冠一樣重的一塊金子、一塊銀子和皇冠，分別放在水盆裡，只見金塊排出的水量比銀塊排出的水量少，而皇冠排出的水量比金塊排出的水量多。阿基米德自信的對國王說：「皇冠裡摻了銀子！」

　　國王沒弄明白，要阿基米德解釋一下。阿基米德說：「一公斤的木頭和一公斤的鐵比較，木頭的體積大。如果分別把它們放入水中，體積大的木頭排出的水量比體積小的鐵排出的水量多。我把這個道理用在金子、銀子和皇冠上。因為金子的密度大，銀子的密度小，因此，同樣重量的金子和銀子，必然是銀子的體積大於金子的體積，放入水中，金塊排出的水量就比銀塊少。剛才的實驗，皇冠排出的水量比金塊多，說明皇冠的密度比金塊密度小，從而證明皇冠不是用純金製造的。」金匠因此受到了懲罰。

　　所以，在工作中，不要怕任何問題和困難，要知道，凡事必有解決的辦法；只要我們努力去想辦法，找方法，每一個問題都會有解決的方法。

　　我們應該勇於面對考驗我們的環境，努力奮鬥，才會有更多機會。因為磨難迫使我們向前進，否則我們將停滯不前。它引導我們透過考驗，獲得成功。未經磨難，無法得到任何有價值的東西。簡單的事情每個人都做得到。每一個成功的人，在生活中都經過一番奮鬥。人生是不斷奮鬥的過程，勇於面對困難、克服困難，繼續迎接下一個挑戰的人，就是最後的贏家。

　　欣然擁抱磨難，而不是設法逃避。你也應該如此，讓自己在其中學習、成長，以至成功。

　　面對各種艱難的挑戰吧！因為在你窮思竭慮，要找出富有

創意的方法來解決問題時，最好的機會也將隨之而來。在你生命中的每一個早上，你將會因為不斷的自我燃燒而渡過許多難關，使你確信將來面臨更大的挑戰時，也能完全自控而感到自豪。只有被迫去掙扎奮鬥之後，才能更加強壯。

方法總比困難多

在英文裡有句話，是說上帝每製造一個困難，就會同時製造三個解決它的方法來。所以，世上只要有困難，就會有解決的方法。而且「方法總比困難多」，只是你暫時沒有找到合適的方法而已。

水龍頭漏水，自然有解決的方法；自行車輪胎漏氣了，自然有解決的方法；網路的品質不好，自然有解決的方法；你銷售成績不好，自然有解決的方法。同樣，你的收入不高，自然有解決的方法；你的技能不夠好，自然有解決的方法。問題是你怎樣去面對這一個又一個的困難，是怨天尤人、怨老闆、怨同事、怨客戶、怨工作太難、怨報酬太低，還是積極面對主動想辦法來解決這些困難。

愛迪生在發明電燈時，遇到過無數困難，但沒有放棄自己追求的目標，他堅信總有辦法解決這無數困難，所以他一再堅持實驗，經過了一千多次的難關，終於發明了電燈。王永慶在早期賣米時，營業額一直上不去，但他不氣餒，他堅信總有辦

法，他主動送米上門，並記下每戶有多少人口，這次送的米大概在多少天後會吃完，然後再去送。他還記下每戶人家發薪資的時間，到時候去收米錢。

窮人和富人的距離，不僅展現在順境的時候，關鍵是展現在逆境的時候。

窮人在逆境中，看到的是自己身邊所有的「不」，總是不住的問天問地問自己，為什麼，為什麼。

什麼事情都一樣，它的出現有的是必然的，有的是偶然的，總之，就是上帝也無法阻止事情的發生。糟糕的事情發生了，你問一萬個為什麼也於事無補，哪怕你永遠的問下去。

窮人在逆境中，多數會選擇放棄，退回他以前的生活環境中，或者回到他原來的老路上去。不為別的，只因為那裡安全，沒有風雨。因此，他的一生也不會有太大的改變。

富人在逆境中，多數會選擇逆流而上，他們會在挫折和逆境中積極的尋找機遇。他們知道，上帝能給他們一個「不」，同樣會給他們一個「是」。而且那個夢寐以求的「是」，就在那個「不」的不遠處，只要他們去等待，去發現，去改變，就會找到那個驚喜。

富人在逆境中的心態是積極的，樂觀的，把自己所有的精力都集中在如何克服困難上，而不做它想。他也知道，這個時候，想的越多，自己的麻煩就越多。

富人在關鍵的時候，總是比窮人多堅持三秒，多走半步。也就是這三秒，也就是這半步，形成了窮人和富人現實生活中的巨大反差。

普魯士國王率大軍與英格蘭軍隊激戰，結果被對方打得狼狽逃竄。鑽進一所隱蔽的老宅，國王灰心喪氣的往乾草上一躺，不由得陷入極度的悲哀之中。就在瀕臨絕望的時候，他看見一隻蜘蛛在那裡結網。為了轉移一下注意力，他揮手抹掉那個蜘蛛網。

然而這一人為的破壞，沒有動搖蜘蛛結網的意志。好像那倒楣的事根本就沒有發生過一樣，蜘蛛又忙碌起來，沒用多久的時間就織好了另一張蜘蛛網。軍隊接連打了六次敗仗，國王已經準備放棄戰鬥，由此他捫心自問：「假如我把蛛網破壞六次，不知這隻蜘蛛是否會放棄努力。」

一次又一次，國王接連毀掉了六張蛛網。那隻蜘蛛再一次出發，毫不氣餒的又去織第七張網，並且如願以償的完成了。國王從這件事中獲得激勵，決心重整旗鼓，再次和英格蘭人決一死戰。經過極為縝密的準備，他重新聚集起一支軍隊，終於打贏了一場決定性的戰役，從英格蘭人手中奪回了失去的領土。

別人放棄，自己還在堅持，他人後退，自己照樣前進，看不到光明和希望，依然努力奮鬥，這種人往往是成功者。

希拉斯‧菲爾德先生退休時已經存了一大筆錢，然而這時

他又突發奇想，想在大西洋的海底鋪設一條連接歐洲和美國的電纜。

隨後，他就全身心的開始推動這項事業。前期基礎性工作包括建造一條一千英里（約一千六百零九公里）長、從紐約到紐芬蘭聖約翰的電報線路。紐芬蘭四百英里（約六百四十四公里）長的電纜線路要從人跡罕至的森林中穿過，所以，要完成這項工作不僅包括建一條電報線路，還包括建同樣長的一條公路。此外，還包括穿越布雷頓角全島共四百四十英里（約七百零八公里）長的線路再加上鋪設跨越聖勞倫斯灣的電纜，整個工程十分浩大。

菲爾德使盡渾身解數，總算從英國政府那裡得到了資助。然而，他的方案在議會遭到強烈的反對。隨後，菲爾德的鋪設工作就開始了。電纜一頭擱在停泊於塞巴托波爾港的英國旗艦「阿伽門農」號上，另一頭放在美國海軍新造的豪華護衛艦「尼亞加拉」號上；不過，就在電纜鋪設到五英里（約八公里）的時候，它突然被捲到了機器裡面，弄斷了。

菲爾德不灰心，進行了第二次試驗。在這次試驗中，在電纜鋪好兩百英里（約三百二十二公里）長的時候，電流突然中斷了，船上的人們在船板上焦急的踱來踱去，好像死神就要降臨一樣，就在菲爾德先生即將命令割斷電纜、放棄這次試驗時，電流突然又神奇的出現了，一如它神奇的消失一樣。夜間，船以每小時四英里（約六公里）的速度緩緩航行，電纜的鋪設也

以每小時四英里的速度進行。這時，輪船突然發生一次嚴重傾斜，制動器緊急制動，不巧又割斷了電纜。

但菲爾德並不是一個容易放棄的人。他又訂購了七百英里（約一千一百二十六公里）的電纜，而且還聘請了一位專家，請他設計一台更好的機器，以完成這麼長的鋪設任務。後來，英美兩國的發明天才聯手才把機器趕製出來。最終，兩艘船繼續航行，一艘駛向愛爾蘭，另一艘駛向紐芬蘭，結果它們都把電纜用完了。兩船分開不到十三英里（約二十一公里），電纜又切斷了；再次接上後，兩船繼續航行，到了相隔八英里（約十三公里）的時候，電流又沒有了。電纜第三次接上後，鋪了兩百英里，在距離「阿加曼農」號二十英尺（約六米）處又斷開了，兩艘船最後不得不返回到愛爾蘭海岸。

參與此事的很多人一個個都洩了氣，大眾輿論也對此流露出懷疑的態度，投資者也對這一專案沒有了信心，不願再投資。這時候菲爾德先生，如果不是百折不撓的精神、不是他天才的說服力，這一項目很可能就此放棄了。菲爾德繼續為此日夜操勞，甚至到了廢寢忘食的地步，他絕不甘心失敗。

於是，第三次嘗試又開始了。這次總算一切順利，全部電纜鋪設完畢，而沒有任何中斷，鋪設的消息也透過這條漫長的海底電纜發送了出去，一切似乎就要大功告成了，但突然電流又中斷了。

　　好一個菲爾德，所有這一切困難都沒嚇倒他。他又組建一個新公司，繼續從事這項工作，而且製造出了一種性能遠優於普通電纜的新型電纜。西元一八六六年七月十三日，新一次試驗又開始了，並順利接通，發出了第一份橫跨大西洋的電報！電報內容是：「七月二十七日，我們晚上九點達到目的地，一切順利。感謝上帝！電纜都鋪好了，運行完全正常。希拉斯·菲爾德。」

　　命運全在搏擊，堅持就是希望。對於意志堅強的人，只要咬緊牙關，任何困難哪怕是死神都不會懼怕。

再努力一次，直到成功

　　年輕人在奮鬥的過程中吃盡了苦頭，而最後的笑聲才是最甜的，最後的成功才是具有決定意義的成功，起初的成就和痛苦只不過都是為後來而設的奠基石。有時，所謂的「失敗」只是一種假象，它會引領我們走向成功，將我們的人生從舊有的模式引向一個更新、更好、更理想的航程。

　　黃文濤，一九七〇年出生，他生下來就雙目失明。他從小就上盲校，離開父母的懷抱，養成了自己照顧自己的習慣，懂得了自立、自信、自尊、自強。一九八五年黃文濤加入了盲童學校田徑隊，開始了他的體育生涯。

　　他的主攻方向是短跑和跳遠，可想而知，身心障礙者做體

育會給他帶來多少無法想像的困難和意外。當時使用的是非常落後的助跑器，踏腳板用一根細長的鐵釘支撐著。一次訓練中，鐵釘斜伸出來，如果是正常人，可以很輕易的看出來，但他卻什麼也看不見。一腳踏上去，一股鑽心的疼痛便從腳底下傳出，他一下昏了過去。後來才知道，鐵釘穿過了跑鞋底和他的腳掌，又從鞋面刺了出來。因為先天的缺陷，身心障礙者做體育運動要付出許多在正常人看來非常無謂的代價。教練的示範動作，他看不清，只能「盲人摸象」似的一步步分解、揣摩，一遍遍練習。

一九九二年，黃文濤參加了巴塞隆納帕拉林匹克運動會。沉著冷靜的黃文濤超水準發揮，以三公分之差打敗了西班牙的胡安，贏得了冠軍。當他站在領獎台上，心中充滿了自豪感。

如果黃文濤對自己悲觀失望，如果踩到釘子後就向命運認輸，放棄追求，如果……在挫折、失敗面前一旦意志渙散，人就會很快並永遠的沉淪下去，命運就會把你踩在腳下。只要摔倒了再爬起，失敗了再堅持，不停的努力，困難也會怕你的。

生活中，每個年輕人都會面臨失敗的考驗，考驗他們的意志、他們的心態。不必否認，成功者也會失敗，但他們之所以能夠成功，就在於他們失敗了以後，不是為失敗而哭泣流淚，不是消極厭世，而是從失敗中總結教訓，並勇敢的站起來，撫平傷痕繼續前行……

　　西元一八六四年九月三日這天，寂靜的斯德哥爾摩市郊，突然爆發出一陣震耳欲聾的巨響，滾滾的濃煙霎時間衝上天空，一股股火花直往上竄。僅僅幾分鐘時間，一場慘禍發生了。當驚恐的人們趕到出事現場時，只見原來屹立在這裡的一座工廠已蕩然無存，無情的大火吞沒了一切。火場旁邊，站著一位三十多歲的年輕人，突如其來的慘禍和過度的刺激，已使他面無人色，渾身不住的顫抖著……這個大難不死的青年，就是後來聞名於世的阿爾弗萊德‧諾貝爾。

　　諾貝爾眼睜睜的看著自己所創建的硝化甘油炸藥的實驗工廠化為灰燼。人們從瓦礫中找出了五具屍體，其中一個是他正在讀大學的活潑可愛的小弟弟，另外四人也是和他朝夕相處的親密助手。五具燒得焦爛的屍體，令人慘不忍睹。諾貝爾的母親得知小兒子慘死的噩耗，悲痛欲絕。年老的父親因太受刺激引起腦溢血，從此半身癱瘓。然而，諾貝爾在失敗和巨大的痛苦面前卻沒有動搖。

　　慘案發生後，警察當局立即封鎖了出事現場，並嚴禁諾貝爾恢復自己的工廠。人們像躲避瘟神一樣避開他，再也沒有人願意出租土地讓他進行如此危險的實驗。困境並沒有使諾貝爾退縮，幾天以後，人們發現，在遠離市區的梅拉倫湖。出現了一隻巨大的平底駁船，駁船上並沒有裝什麼貨物，而是擺滿了各種設備，一個年輕人正全神貫注的進行一項神祕的實驗。他就是在大爆炸中死裡逃生、被當地居民趕走了的諾貝爾。大無

畏的勇氣往往令死神也望而卻步。在令人心驚膽戰的實驗中，諾貝爾沒有連同他的駁船一起葬身魚腹，而是碰上了意外的機遇——他發明了雷管。雷管的發明是爆炸學上的一項重大突破，隨著當時許多歐洲國家工業化進程的加快、開礦山、修鐵路、鑿隧道、挖運河都需要炸藥。於是，人們又開始親近諾貝爾了。他把實驗室從船上搬遷到斯德哥爾摩附近的溫爾維特，正式建立了第一座硝化甘油工廠。接著，他又在德國的漢堡等地建立了炸藥公司。一時間，諾貝爾生產的炸藥成了搶手貨，源源不斷的訂單從世界各地紛至沓來，諾貝爾的財富與日俱增。

然而，獲得成功的諾貝爾並沒有擺脫災難。

不幸的消息接連不斷的傳來：在舊金山，運載炸藥的火車因震盪發生爆炸，火車被炸得七零八落；德國一家著名工廠因搬運硝化甘油時發生碰撞而爆炸，整個工廠和附近的民房變成了一片廢墟；在巴拿馬，一艘滿載著硝化甘油的輪船，在大西洋的航行途中，因顛簸引起爆炸，整個輪船全部葬身大海……一連串駭人聽聞的消息，再次使人們對諾貝爾望而生畏，甚至把他當成瘟神和災星，如果說前次災難還是小範圍內的話，那麼，這一次他所遭受的已經是世界性的詛咒和驅逐了。諾貝爾又一次被人們拋棄了，不，應該說是全世界的人都把自己應該承擔的那份災難給了他一個人。面對接踵而至的災難和困境，諾貝爾沒有一蹶不振，他身上所具有的毅力和恆心，使他對已選定的目標義無反顧，永不退縮。在奮鬥的路上，他已習慣了

與死神朝夕相伴。

　　炸藥的威力曾是那樣不可一世，然而，大無畏的勇氣和矢志不渝的恆心最終激發了他心中的潛能，最終征服了炸藥，嚇退了死神。諾貝爾贏得了巨大的成功，他一生共獲專利發明權三百五十五項。他用自己的巨額財富創立的諾貝爾科學獎，被國際科學界視為一種崇高的榮譽。

　　不經歷風雨就不會見到彩虹，任何一個年輕人在走向成功的過程中，都不會是一帆風順、平平坦坦的，都會走一些彎路，經歷一些坎坷，在一次又一次的跌倒之後才能為成功找到出路和方向。

堅持就是勝利

　　堅持二字說起來容易，做起來則沒那麼簡單。對於這一點，瑪律有精闢的解讀：「別人放棄，自己還在堅持，他人後退，自己照樣前進，看不到光明和希望依然努力奮鬥，這種精神是一切科學家、發明家取得巨大成功的原因。」

　　實際上，成功的祕訣在於執著，成功偏愛執著的追求者。世界上許多名人的成功都來自於克服千辛萬苦，持之以恆的努力，只有這樣，你才會漸漸接近輝煌。稍有困難便更改航向或經不起外界的誘惑，恐怕會永遠遠離成功。

　　對那些拒絕停止戰鬥的人來說，他們永遠都有勝利的可能。

　　如果年輕人發現自己所處的情勢似乎與勝利無緣，那麼，你可以展開一些對自己動機有利的行動。如果正面的攻擊無法攻占目標，那麼試著以側面進攻。生命中很少有解決不了的難題。再困難的障礙也阻礙不了一個有決心、有動機、有計畫，並且有足夠的彈性來對抗情況變化的人。

　　許多失敗，其實如果肯再多堅持一分鐘，或再多付出一點努力，是可以轉化為成功的。

　　成功會帶來成功，失敗亦會接連不斷。

　　物理上，異性會相吸而同性則相斥，但人類彼此的關係則恰好相反。消極的人只會與消極的人在一起，具有積極心態的人會吸引具有類似想法的人。你也會發現，當你成功以後，其他的成就也會不斷來到，這就是迭加的道理。

　　當事情越來越困難，大多數人都會放手離開，只有意志堅決的人，除非勝利，絕不肯輕言放棄。

　　迪士尼在上學的時候，就對繪畫和描寫冒險生涯的小說特別的入迷，並很快就讀完了馬克‧吐溫的《湯姆歷險記》等探險小說。一次，老師布置了繪畫作業，小迪士尼就充分的發揮自己的想像力，把一盆的花朵都畫成了人臉，把葉子畫成人手，並且每朵花都以不同的表情來表現自己的個性。按說這對孩子來說應該是一件非常值得肯定的事，然而，無知的老師根本就不理解孩子心靈中的那個美妙的世界，竟然認為小迪士尼這是

胡鬧，說：「花兒就是花兒，怎麼會有人形？不會畫畫，就不要亂畫了！」並當眾把他的作品撕得粉碎。小迪士尼辯解說：「在我的心裡，這些花兒確實是有生命的啊，有時我能聽到風中的花朵在向我問好。」老師感到非常氣憤，就把小迪士尼拎到講台上狠狠的毒打一頓，並告誡他：「以後再亂畫，比這打得還要狠。」

值得慶幸的是，老師的這頓毒打並沒有改變他「亂畫的毛病」，小迪士尼一直在努力的追求著成為一個漫畫家的夢想。

第一次世界大戰美國參戰後，迪士尼不顧父母的反對，報名當了一名志願兵，在軍中做了一名汽車駕駛員。閒暇的時候，他就創作一些漫畫作品寄給一些幽默雜誌，他的作品竟然無一例外的被退了回來，理由就是作品太平庸，作者缺乏才氣和靈性。

戰爭結束後，迪士尼拒絕了父親要他到自己有些股份的冷凍廠工作的要求，他要去實現他童年時就立誓實現的畫家夢。他來到了堪薩斯城，他拿著自己的作品四處求職，經過一次又一次的碰壁之後，終於在一家廣告公司找到了一份工作。然而，他只做了一個月就被辭退了，理由仍是缺乏繪畫能力。

一九二三年十月，迪士尼終於和哥哥羅伊在好萊塢一家房地產公司後院的一個廢棄的倉庫裡，正式成立了屬於自己的迪士尼兄弟公司，不久，公司就更名為「華特・迪士尼公司」。

雖然歷盡了坎坷，但他創造的米老鼠和唐老鴨幾年後便享譽全世界，並為他獲得了二十七項奧斯卡金像獎，使他成為世界上獲得該獎最多的人。他死後，《紐約時報》刊登的訃告這樣寫道：

「華特‧迪士尼開始時幾乎一無所有，僅有的就是一點繪畫才能，與所有人的想像不相吻合的天賦想像力，以及百折不撓一定要成功的決心，最後他成了好萊塢最優秀的創業者和全世界最成功的漫畫大師⋯⋯」

失敗並不可怕，可怕的是你面對失敗時的態度。華特‧迪士尼面對失敗，面對別人的批評，他沒有否定自我，沒有放棄，而是堅強的走了下去。

也許，無論我們怎樣奮鬥，都不會有迪士尼那樣的輝煌成就，可是，如果你沒有迪士尼不怕失敗、百折不撓的精神，你注定不會成功。

堅持就是勝利，執著走向成功。還有一則故事值得一讀。

一九七七年美國一家園藝所在報上公布，要重金求購白色金盞菊，一位老人看到這條資訊，第一個反應就是要讓金盞菊改變它原來的本色，這實在令人難以置信。然而仔細研究，又覺得或許真有這種可能，於是想試一試。

子女們得知母親要培育白色金盞菊，都覺得是異想天開。一個孩子潑冷水說：「這事連專家都無能為力，你不懂種子遺傳

學，又這麼大年紀了，怎麼可能呢？」子女們都不願做無效勞動，老人沒有找到幫手，只好一個人做起來。

金盞菊有淡黃和橘黃兩種顏色，老人滿懷熱切的希望，選擇了淡黃色的進行培育。經過精心的照料，金盞菊一株株長出地表，一朵朵應時綻開。老人從中選出顏色最淺的做上標記，待其枯萎後選用這棵金盞菊的種子。用這種方式遴選含色素少的花，年復一年的培育，終於使金盞菊的顏色一年年泛白。

其間女兒遠嫁他鄉，丈夫撒手塵寰，生活發生了許多變故，都未能動搖老人讓鮮花變色的信念。終於有一天，老人所培育的金盞菊已不染一絲雜色，呈現出一片聖潔的雪白。驀然回首，已送走了二十個年頭。老人抑制不住成功的喜悅，欣然將花種寄給懸賞的那家園藝所。

等待了將近一年，也就是種子育出芳姿的時候，老人接到園藝所長打來的電話：「我們見識了你培育的金盞菊，花朵的顏色確實潔白如雪。不過由於時間太久，過去許諾的獎金已無從兌現，你還有什麼別的要求嗎？」老人興致不減的說：「我只想問一下，你們要不要黑色的金盞菊？如果要的話，我也能把它種出來。」

自信源於過去的成功經驗，成功的過程中會遇到許多艱難、困苦與挫折失敗，戰勝他們的最基本法則就是心理上先做好準備。要有敏銳的目光，看清成功背後的真相，要有持續的

毅力，堅持到困難向你退縮，要有勇氣和行動，當發現困難的弱點後把握時機的給它致命一擊。

百折不撓，遇挫而更強

一個有雄心壯志的年輕人就是一根彈簧，越是有壓力的時候就越能顯示出自己的能力，遇挫而更強。

當我們在家庭和學校的溫室中，就像雞雛一樣孵化出來，心安理得過著衣食無憂的生活。但是當我們一腳跨進社會大門，此時我們才會明白，原來的庇護我們的避風港沒有了，迎接我們的將是驚濤駭浪。一時間，在困難面前，有的年輕人迷茫了，認為希望就像肥皂泡一樣破滅了。但就是這個時候，我們更應該懂得這只是我們人生真正考驗的開始。有時候，面對嚴峻的挑戰，有的年輕人退縮了，有的年輕人這樣安慰自己「退一步海闊天空」，其實這樣的思想是萬萬要不得的，因為這是懈怠的跡象和苗頭。我們應該有「欲窮千里目，更上一層樓」的雄心壯志，堅決與困難不妥協，從而克服一切困難，走向成功。

艾米總是向父親抱怨她的生活艱辛。她不知該以何種態度來面對生活中的困擾，於是她想要自暴自棄。她已厭倦與困難抗爭的生活，因為生活中的問題屢屢發生，似乎從來沒有過間斷。

艾米的父親是位廚師，一天，他把她帶進廚房。他分別在

三口鍋裡倒入一些水，然後放在旺盛的火苗上。不久，鍋裡的水燒開了。他將胡蘿蔔放進了第一口鍋裡，雞蛋放進了第二口鍋裡，最後一口鍋裡放入碾成粉狀的咖啡豆。整個過程，艾米的父親沒有說一句話。

艾米不耐煩的看著父親的一舉一動。二十分鐘過後，父親熄滅火，將煮熟的胡蘿蔔撈出放入一個碗內，雞蛋放入另一個碗內，咖啡倒進了一個杯子裡。然後，他轉身看著不耐煩的女兒說：「親愛的，你看見什麼了？」

艾米無精打采的說：「煮熟的胡蘿蔔、雞蛋、咖啡啊！有什麼稀奇的？」

他讓女兒靠近些並用手去摸胡蘿蔔。艾米驚呼道：「爸爸，胡蘿蔔變軟了。」父親又讓艾米將那顆煮熟的蛋殼剝掉，她看到的是只煮熟的雞蛋。最後，父親讓她品嘗了煮熟的咖啡。艾米貪婪的享受著咖啡的香濃，剎那間露出了笑容。她怯聲問道：「爸爸，這意味著什麼？」

父親告訴艾米說：「胡蘿蔔、雞蛋、咖啡這三樣東西面臨同樣的逆境 —— 煮沸的開水，可態度卻截然不同：胡蘿蔔尚未入鍋之前生硬、結實不向逆境低頭，而進入開水後就變軟了，向逆境妥協了；再看雞蛋，沒下鍋之前易破碎，而經開水一煮反而變硬了，也隨著堅強起來了；咖啡豆就更獨特了，進入沸水後，它們不但沒有失去自己的本色，反而改變了水。其實，你

也完全可以屈服於環境，也可以改變環境，關鍵取決於你對困難所持有的態度。」

真金不怕火煉，真英雄不怕遭遇挫折。沒有經歷過失敗的人生不是完整的人生。巴爾札克曾說過：「挫折和不幸，是天才的進身之階；信徒的洗禮之水；能人的無價之寶；弱者的無底深淵。」所以說，禁得起困難洗禮的人才是真正的英雄，成功屬於他們。

沒有河床的沖刷，就不會有鑽石的璀璨；沒有挫折的考驗，就不會有真正的英雄。正因為有挫折，才會展現出勇士與懦夫的區別。

一切成功的起點都是欲望，但在將欲望變為成功的過程中，堅韌的意志是人最重要的個性特點之一。大凡成功者，都能夠冷靜的面對事業進展過程中每一個關鍵時刻而已。正是因為這一點，他們才能在困難的形勢下，穩健的追求著自己的夢想。

而有些年輕人卻缺乏這樣的個性，他們總是欲望強烈，而意志脆弱。所以，遇到不利於自己的局勢，就會聽任脆弱的意志擺弄，直到他所追求的目標成為記憶中一個遙遠的影子。

不過，人性中這種弱點是可以彌補的，例如強烈的欲望就可以補救意志的脆弱。如果發現自己的意志正在遭受困難的挑戰，你不妨有意識燃起欲望的火焰以激勵自己的意志。

堅忍的意志屬於人性中後天的成分，是可以培養的，包括以下四個步驟。

第一，在確定志向的基礎上，不停的給欲望火上澆油；

第二，制定一份切實的計畫，使自己追求成功的行動永不停止；

第三，關閉心扉，不受外界一切消極因素的影響，包括至愛親朋的干擾；

第四，與鼓勵你和相信你的人結成堅強的事業同盟。

如果你這樣做，你就會發現，自己的身上將產生一種連你自己都感到奇怪的神祕力量，它既可以使你振奮起來，又能使困難低頭。

冠軍永遠都是那些百折不撓、被打倒了還會再爬起來的人。一次、兩次不成，就再試幾次。能不能成功，全看你能否堅持到底。多數年輕人沒有達到目標，原因就在於不能堅持。百折不撓的毅力，才是成功人生的必備條件。

只有堅持下去，才能有所突破

每個年輕人在向夢想前進時，都是非常艱難的，但在面對挫折與困境時，年輕人只有堅持下去，才能有所突破。

羅奈爾得‧雷根，被認為是美國歷史上最偉大的總統之

一，他年輕時的一段經歷讓他終生難忘，也教會了他如何面對挫折。

「最好的總會到來。」每當他失意時，他母親就這樣說，「如果你堅持下去，總有一天你會遇上好運。並且你會認識到，要是沒有從前的失望，好運是不會發生的。」

母親是對的，一九三二年從大學畢業後雷根發現了這點。他當時決定試試在電台找份工作，然後再設法去做一名體育播音員。於是他搭便車去了芝加哥，敲了所有電台的門，但都失敗了。在一個播音室裡，一位很和氣的女士告訴他，大電台是不會冒險雇用一名毫無經驗的新手的。

「再去試試，找家小電台，那裡可能會有機會。」她說。雷根又搭便車回到了伊利諾依州的迪克遜。雖然迪克遜沒有電台，但他父親說，蒙哥馬利‧沃德開了一家商店，需要一名當地的運動員去經營它的體育專櫃。由於雷根少年時在迪克遜中學打過橄欖球，於是他提出了申請，那工作聽起來正合適，但他沒能如願。

雷根感到十分失望和沮喪。「最好的總會到來。」他母親提醒他說。父親借車給他，於是他開車行駛了七十英里來到了特萊城。他試了試愛荷華州達文波特的 WOC 電台。節目部主任是位很不錯的人，叫彼特‧麥克阿瑟；他告訴雷根說他們已經雇用了一名播音員。當雷根離開這個辦公室時，受挫的心情一

下子發作了。雷根大聲的喊道：「要是不能在電台工作，又怎麼能當上一名體育播音員呢？」說話的時候，他正在那裡等電梯，突然聽到了麥克阿瑟的叫聲：「你剛才說體育什麼來著？你懂橄欖球嗎？」接著他讓雷根站在一架麥克風前，叫他憑想像播一場比賽。雷根腦中馬上回憶起去年秋天時，他所在的那個隊在最後二十秒時以一個六十五米的猛衝擊敗了對方。在那場比賽中，他打了十五分鐘。他便試著解說那場比賽。然後，麥克阿瑟告訴他，他將選播星期六的一場比賽。

雷根在回家的路上，就像自那以後的許多次一樣，他想到了母親的話：「如果你堅持下去，總有一天你會遇上好運。並且你會認識到，要是沒有從前的失望，好運是不會發生的。」

在人生奮鬥中，不慎跌倒並不表示永遠的失敗，唯有跌倒後，失去了奮鬥的勇氣才是永遠的失敗。我們若以平常心觀之，失敗本身也就不足為奇。一個年輕人若沒有經歷過失敗，他就難以嘗到人生的辛酸和苦澀，難以認識到生命的底蘊，也就不可能進入真正寧靜祥和的境界。

司馬遷生活在西漢王朝的鼎盛時期，伺候的是雄才大略的漢武帝劉徹。司馬遷的父親是一名記載文史的史官。

在司馬遷小的時候，父親就給他灌輸成大事的思想，說：「每五百年就會出現一部偉大的作品，現在距離孔子作《春秋》已經有五百年了，又該出現偉大的人物和作品了。」司馬遷牢

記著父親的話，也是這句話孕育著他想成為那位偉大人物的雄心壯志。

漢武帝大力興修水利，發展農業，養兵征戰開拓疆域，使華夏版圖空前遼闊。這些都成了司馬遷成就《史記》的歷史背景。

為了寫這部鴻篇巨制的史書，司馬遷實地巡訪的名山大川，考察古代流傳下來的趣聞軼事，了解和搜集各種散失的歷史資料，歷經數年，行程幾萬里，為寫作《史記》搜集了大量的材料。西元前一〇八年，司馬遷被正式任命為太史令，開始了《史記》的編撰工作。

西元前九八年，名將李廣的後人李陵率兵攻打匈奴，陷入重圍，兵敗投降。朝臣們諱言主將李廣利的無能（李廣利是皇親國戚，他妹妹是漢武帝的美人），將敗北責任都推到李陵身上，而司馬遷這時候卻為李陵辯護。他認為李陵是名將李廣之後，絕對不會無緣無故投降的，就是因為這件事，沒想到落了個「誣罔主上」的死罪。按漢律規定，繳五十萬錢或受宮刑可以免除死罪，司馬遷家貧，繳不出錢贖罪，但為了實現編寫《史記》的雄心，只好蒙受宮刑的奇恥大辱。

兩年後，司馬遷遇大赦出獄。他被漢武帝任命為「中書令」（在皇帝身邊掌管文書機要的宦官），繼續《史記》的撰寫工作。

受刑後的司馬遷，遭受著世人百般誹謗和恥笑，終日冷汗

滲背，神情恍惚，苦不堪言。縱然如此，他仍是筆耕不輟，歷經十幾個春秋，大約在西元前九三年，完成了這部史學巨著：第一部融史學、文學於一體的紀傳體通史 —— 《史記》，理清了從遠古到漢武帝的歷史，實現了自己的鴻鵠大志。

司馬遷生活在封建社會，受宮刑足以使一個意志薄弱的人想到自殺。因為受過宮刑，就是一個不完整的人了，要備受世人的嘲笑與欺凌，就連自己的親人也避而遠之。司馬遷精神幾乎崩潰，但是《史記》剛開始撰寫，他必須活下去，去完成這部睥睨古今、彪炳千古的鴻篇巨制。這需要有非凡的毅力才能完成，司馬遷歷經身心煎熬終於造就出了前無古人的事業。

司馬遷是百年不遇的偉大人物，但在我們現實生活中，能承受像司馬遷一樣苦難的人並不多，而隨便的小小打擊就使人一蹶不振的事例卻屢見不鮮，這的確該使人覺醒。

自古英雄多磨難。一個平凡人成為一個領域的英雄或者成為一個時代的英雄，是挫折和磨難使然，因為英雄和平凡人的區別就在於，英雄在逆境中抓住了逆境背後的機遇，在絕境中創造了奇蹟。而平凡人在逆境中選擇了隨波逐流，在絕境中選擇了放棄。

每個年輕人都想成就一番輝煌的事業，但成就大事業並不是一帆風順的，要經過一番磨練，才可能獲得豁然開朗的境界，功成名就的業績。

　　沒有困難，不必製造困難；遇到困難，不要迴避困難；去積極面對，你才有機會成功，才能做出大事業。

第二章
察言觀色，不同場合有不同的做事方法

在生活中，人們做事喜歡察言觀色。其實，從某種意義上來講，做事靈活就要從細小的方面去著手，洞察對方的性格，了解對方的意圖和心思，然後再洞悉一下對方的言外之意，注意一下對手的「冷槍」，以通曉人情，以理服人的心態去把事情做好。

舉止得體做事順

　　舉止是一個人自身修養在生活和行為方面的反映，是映現一個人內涵的一面鏡子。沒有優雅的舉止，就沒有優雅的風度。在做事過程中，優雅的舉止、高雅的談吐等內在涵養的表現，會給人留下更為良好而深刻的印象。

　　有「禮」走遍天下，無「禮」寸步難行，個人禮儀將直接影響一個人的受歡迎度，所以得體的舉止是眾多禮儀中比較重要的一部分。在某種意義上，人的舉止這種無聲的語言，絕不亞於口頭語言所發揮的作用。

　　舉止禮儀並不是個別人規定出來的，而是大多數人經過實踐並被充分認可的。所以，你如果舉止不得體，就會被人們看不慣，別人就會認為你對周圍人以及交往對象不尊重，那你做事的效果就可想而知了。

　　小王是一家電器公司的推銷員。他去拜訪客戶時，大聲而粗暴的開門習慣影響了客戶對他的第一印象。

　　當對方的接待人員將他帶到會客室時，他心裡還在想如何在見到對方時給對方一個好印象。可是接待人員已經將他開門不禮貌的資訊傳達給了老闆。

　　「老闆，客人來了。」

　　「哦，他還挺準時的，我馬上去，我準備準備，他是什麼樣

的人呢？小張，談談你的第一印象。」

「老闆，不好說。看他衣冠楚楚，時間也準時，可是他開門的聲音太大了，顯得粗暴、不太禮貌。」

「哦……」

老闆這樣「哦」了一聲，可能便決定了會談的失敗，輕者則影響會談的效果。這樣在未見面之前便讓別人對你帶著一種看法，給對方一個不好的印象。

在日常生活中，我們經常碰到這樣的人：他們或是儀表堂堂，或是漂亮異常，然而一舉手、一投足，便可現出其粗俗。這種人雖金玉其外，卻是敗絮其中，只能招致別人的厭惡。所以，在做事過程中，要給對方留下美好而深刻的印象，外在的美固然重要，而高雅的談吐、優雅的舉止等內在涵養的表現，則更為人們所喜愛。這就要求我們應該從舉手、投足等日常行為方面有意識的鍛鍊自己，養成良好的站、坐、行姿態，做到舉止端莊、優雅得體、風度翩翩。下面的一些小細節是我們日常生活種必須注意的：

(1) 不要當眾搔癢

大家都知道搔癢的舉止不雅。搔癢的原因通常多是由於皮膚發癢而引起的。其中有些屬於病理的原因，例如體質過敏，皮膚好起疹，有時奇癢難忍；有些屬於生理的原因，如老年人因皮脂分泌減少，皮膚乾燥，也容易產生搔癢。在出現這

類情況時，自己要按所處的場所來靈活掌握。如處在極嚴肅的
場合，就應稍加忍耐；如實在忍無可忍，則只有離席到較隱蔽
的地方去搔一下，然後趕緊回來。因為不管你怎樣注意，搔癢
的動作總是猥瑣的，總以避人為好。尤其有些人愛搔癢純粹是
出於習慣且無意識，只要人稍一坐下就不斷用手在身上東抓西
撓，這些不好的細節，應盡量克服。

(2) 要防止發自體內的各種聲響

生活經驗告訴我們，任何人，對發自別人體內的聲響都不
太歡迎，甚至很討厭。諸如咳嗽、噴嚏、哈欠、打嗝、肚子
叫、放屁等等。當然，這些聲響有的只在人們犯病或身體不適
時才有，例如打噴嚏，常常是在一個人患感冒的時候才發生。
當出現這種情況時，正確的做法是用手帕掩住口鼻以減輕聲
響，並在打過噴嚏後向坐在近旁的人說聲「對不起」以表示歉
意。但是，有的卻是由於習慣所造成，主要是因本人不重視、
不關心別人的感受所致。比如：有些人在大庭廣眾之下，不斷
打哈欠或者連連放屁，竟然也不臉紅。像這樣就是很不好的習
慣，應該注意改正才是。

(3) 不要將菸蒂到處亂丟

許多人都反對抽菸，究其原因，與不少抽菸者缺乏衛生習
慣不無關係。有些吸菸者往往不注意吸菸對別人所造成的不
便，他們不了解，不吸菸者除了害怕二手菸會引起嗆咳及健康

問題外，隨風吹散的菸灰也使人感到不舒服，有時帶有餘燼的菸蒂還容易引起事故。這些都使不吸菸者有一種自發的抵制吸菸的情緒。所以，如果吸菸者隨意處置吸剩的菸頭，將它們丟在地上用腳踩滅，或隨手在牆上甚至窗台上熄滅等，這些細節都是很令人討厭的。對此，必須自覺加以糾正。

(4) 吐痰務必入盂

隨地吐痰，也是一種令人厭惡的壞習慣。有些人由於積疾較深，隨意將痰到處亂吐。甚至在水泥和木頭地板上也如此，這確實是種令人作嘔的不文明行為。因為，隨地吐痰之所以惹人厭惡，不僅由於痰是臟物，吐在地上會直接弄髒地面，而且還會間接汙染環境，傳播疾病，損害他人的健康。所以，文明的做法應該是將痰吐入痰盂；如果周圍沒有痰盂，就應到廁所裡去吐痰，吐後立即用水沖洗乾淨。

表示禮貌的舉止當然不止這一些，這裡提及的只是其中比較常見的若干種。在社交場合，每一個人都應該有意識的、恰當的運用這些禮貌舉止，既不要過於謙卑，也不要過於傲慢；做到舉止得當，禮貌周到，充分展現出你的教養和風度。這樣，就會給人留下一個很好的印象。

說話一定要注意場合

說話要講究一定的藝術，除了要看對象、因人而異之外，

還要注意場合，在不同的場合，說不同的話。要知道，這個場合能說的話在另一個場合就不一定可以說，昨天能說的話今天就不一定能說，對年輕同事說的話對老同事就不一定能說，對男同事說的話對女同事就不一定能說，對主管說的話對一般同事就不一定能說等等。在人際社交中，說什麼，怎麼說，一定要顧及場合、環境，才有利於溝通。

場合可以分為正式場合與非正式場合。正式場合指公共活動的場所，如課堂、會場、辦公室等，這種場合說話應嚴肅認真，不能隨便亂扯。非正式場合指日常交往的地方和娛樂場所，如家庭、商店、街頭、飯店、電影院、舞廳等。這種場合說話可以隨便一些，像聊家常一樣，平易、通俗、幽默、風趣，而忌擺架子。

場合還可以分為喜慶場合與悲傷場合。喜慶場合一般指婚宴、節日、慶祝等。這種場合說話應輕鬆、明快、詼諧、幽默，有助於歡樂氣氛的增加，千萬不要說讓人不高興的話。

一九二六年，在新月派詩人徐志摩跟他苦苦相戀三年之久的情人陸小曼結婚時，梁啟超為證婚人。因徐志摩和陸小曼的結合是外遇的結果，所以梁啟超有看法。於是，在婚禮祝辭時，就對他們說了這樣一番話。

他在致辭中說：「徐志摩先生這個人性情浮躁，所以學問上難有成就。其次，用情不專，以致離婚再娶。……從今以後，

要痛改前非,重新做人!你們倆人都是離婚而又再婚的人,要痛自悔悟!祝你們今天是最後一次結婚!」

聽了這段祝辭,徐志摩和陸小曼臉上紅一陣白一陣,賓客們也面面相覷,不明白這梁公怎麼在人家的婚禮上說出這麼一段話來。

為什麼大名鼎鼎的梁啟超的婚禮祝辭會帶來這種結果呢?原因很簡單,就是他在祝辭時沒有注意區分場合。梁公作為學者名流,徐志摩的前輩,平時勸解徐志摩幾句是理所應該的,可是,在人家結婚的大喜之日,當著那麼多人的面,說出這種訓誡的話來,未免不近人情。

說話時,要注意具體的場合、不同的對象、特定的氣氛,不能無所顧忌。如果不假思索,信口開河,就有可能中傷他人,引起不必要的誤解。

老王和老張平時愛開玩笑,幾天沒有見,一見面一個就說:「你還沒有『死』呀?」對方也不計較,回一句:「我等著給你送花圈呢!」兩個人哈哈一笑了事。

後來老王因病住進了醫院,老張去醫院看望,一見面想逗逗他,又說:「你還沒有死呀?」這一次,老王變了臉,生氣的說:「滾,你滾!」把他趕了出去。

這老張也真是,人家正在病中,心理壓力很大。你在病房裡對著憂心忡忡的病人說死,顯然是沒考慮場合,人家怎能

不反感、惱火？其實，老張本來也是好意，想給對方開開心，只可惜他缺乏場合意識，不該在這種場合開玩笑，才鬧出了不愉快。

交談的禮節不可少

談話是人們交流感情、增進了解的主要手段。在社交活動中，它也是企業發展公共關係的最主要方式。因此，在社交中，要會使用在談話中的各種禮節，以期達到成功的合作。

（1）與年幼者交談的禮儀

長幼之間由於年齡、資歷、身分等多方面的原因，在交談中很容易造成一種不和諧、不舒暢的現象。尤其是作為談話主體方面的長者與幼者談話時，往往因為所面對的是比他小、比他資歷淺的菜鳥，就更容易無所顧忌，不講方式方法，使交談發生阻滯，引起不良的後果。最關鍵的是尊重年幼者的人格，相信晚輩的自制力。長輩的暗示會成為他們一生中的滋養，有助於他們成為一個是非分明的人。長幼之間在談論一些人生意義、道德規範等重要問題而且同實際作為相連繫的時候，也不是沒有藝術可講的。越是問題的性質重大，越是需要講究交談藝術，講究「硬」話「軟」說的藝術。家庭不是法庭，父母不是法官，不能使用法官在法庭上面對罪犯所使用的語言同子女談話。可惜，我們有的做長輩的，在子女本來需要規勸的時候，

卻因我們使用了「家長式」的方式，致使他們同我們疏遠而不肯聽從我們的指導，在歧路上越走越遠。

(2) 與年長者交談的禮儀

和老年人交談時應激發並聆聽老者講述關於他自己過去的歷史，從而滿足其懷舊心理。在談話中也可以稱讚和鼓勵年老者的身體、精力和意志，從而滿足其自信心理。另外應關懷和撫慰年長者的生活起居和感情，從而消解其孤獨心理。許多老人，尤其是鰥夫寡婦，常常有一種孤獨感和寂寞感。晚輩們應該了解年長者的感情需要，倘若老人要找伴侶，晚輩們應該給予理解和支持。應該多和老人談心溝通，不斷增進了解。

當要說服長輩時，只要你講的有道理，你能拿出足夠的證據使他們相信，他們就會改變主意，轉而接受你的意見。而最好的方法就是利用年長者自己的經歷和言行來說服長者。一般情況下，做父輩的都有自己認為輝煌的過去，他們免不了要以這些為歷練對子女進行教育，要他們效法。而作為成年的子女，如果你要做一番事業，但受到長輩的阻撓時，就可以拿長輩的事實作為論據，進行類比，這種方式有很強的說服力。

(3) 與異性交談的禮儀

與異性談話，是極其微妙的，不同於與戀人之間的談話和夫妻之間的談話。由於性格的敏感性，在同異性談話時，人們特別容易感到性別的差異，因而自覺或不自覺的抑制自己的

情感，從而影響自己的口才。聰明的人，在與異性談話時能恰到好處的選擇那些生活中的趣事作話題，既可以消除彼此間的距離，又容易產生共鳴，增加親切成分。比如選擇一些比較輕鬆、大眾化的話題：影視圈裡的緋聞軼事、音樂界的排行奪魁、校園生活的詩情畫意等等。這些話題不僅外延廣，內涵深，而且可以激起彼此的談話興趣。另外，和異性交談，要比你和同性談話加倍留心才是。因為你對他（她）所知甚少，加之性別的緣故，彼此之間的話題就顯得特別謹慎敏感。所以你應重視任何可以得到的線索和暗示，隨機應變的調整你的語言。

值得注意的是，與異性交談，有時會遇到特別矜持的異性（女性居多）。當男子首先向她說話的時候，她像惜話如金似的僅用「是」與「不是」等簡單作答。有一定社交經驗的異性遇到這種情況，會耐心交談下去，因為時間能慢慢的使陌生人變得熟悉起來，甚至引出她最有興趣的話題，逐步改變「話不投機」的局面。與異性交談時，切不可過度熱情。否則，可能會讓對方誤會。因此，對已婚異性更要注意這個問題。

交換名片有「講究」

名片是一個人身分的象徵，如今這已在各個領域被廣泛使用，尤其是在商界中，名片的使用更是頻繁。而關於使用名片的禮節涉及到遞交、接受和交換三個環節，是每位商界人士都

應注意的禮儀問題。

　　不少人常常把自己的名片放在衣袋裡或錢包裡，這是不足取的。自己的名片應放在專用的名片盒或名片夾中。他人的名片也應放入專用的名片簿中，這既表示對他人的尊重，又方便查找。

　　在適當時大方的遞出一張名片，往往使人印象深刻。因此，我們應該知道何時遞出名片，何時採取主動；還應該知道，當某人採取主動時，我們應該優雅的交換名片。

　　在日常交際中，經介紹與他人相識之後，如帶有名片，應立即取出，恭敬的用雙手捧交給對方。切不可隨意放在桌上，讓對方自取。收取名片的一方，若有名片，要迅速遞上自己的名片；若沒有，則應說明並道歉。若是雙方均無深交之意，那麼相互點頭致意或握手為禮即可，不必交換名片。若是雙方早已熟悉或是經常見面，也可不必交換名片。

(1) 遞名片講究「奉」

　　日常生活中，隨意用手指指人是極為無禮的行為。因為手指是尖銳之物，尖銳之物是會傷人的，同時用手指指人具有挑釁的意味，所以使人極度反感和產生警戒心。以消除顧客警戒心為第一要務的推銷人員切忌用手指或尖銳之物指向客人。

　　有一位推銷人員去拜訪公司總經理，遞名片時，用食指和中指夾著名片遞給對方，本來應遞到對方手中的，可是他卻將

名片放在桌上，以致那位經理大為不快，結果就可想而知了。

遞名片講究「奉」，即奉送之意，要表現謙誠、恭敬。下面介紹三種名片遞法：

手指併攏，將名片放在手掌上，用大拇指夾住名片的左端，恭敬的送到顧客胸前。名片的名字反向對己，正向顧客，使顧客接到名片時就可以正讀，不必翻轉過來。

食指彎曲與大拇指夾住名片遞上。同樣名字反向對己。

雙手食指和大拇指分別夾住名片左右兩端奉上。

以上三種遞法都避免了「尖銳的指尖」指著顧客的禁忌，其中尤以第三種最為恭敬。

也許你認為這是區區小節，不足掛齒。那麼別忘了，有時候對名片處理不當，就會使推銷工作馬失前蹄。

推銷人員每天都要遞上好幾次名片，希望那些想成為推銷高手的人千萬別不拘這個「小節」。

(2) 接名片講究「恭」。

有些人在定做的襯衫上繡上自己的英文縮寫的名字，也有些人戴鑲有名字縮寫的項鍊，這並不是怕和別人的東西混淆，或者怕失竊，而是表示對自己名字的重視。很多人終身拚搏就是想成功出名或萬世留名。名字是人的第二生命，是生命的延長，侮辱了一個人的名字等於侮辱了他本人。

名片正是名字的具體載體，它代表一個人的身分。推銷人

員在工作中常常要接受名片，接受方式是否恰當，將會影響你給顧客的第一印象，因此必須懂得如何禮貌的接受名片。總的說，接受名片講究一個「恭」字，即恭恭敬敬，具體說來有六種接受方式可供參考：

空手的時候必須以雙手接受。試想如果別人以此種方式接受你的名片，你一定很高興。

接受後要馬上過目，不可隨便看一眼或有怠慢的表示。

初次見面，一次同時接受幾張名片，千萬要記住哪張名片是哪位先生或小姐的，如果是在會議席上，休息時不妨拿出來擺在桌上，排列次序，和對方座位一致。這種舉動同樣不會失禮，反而會使對方認為受到你的重視。

把對方的名片放在桌上，聊得高興起來把東西隨便壓在名片上的大有人在，殊不知這等於是把對方的臉壓在屁股下面一樣，會使對方感到受了侮辱，因此一定要小心謹慎。

假如你很想得到對方的名片，對方卻忘記給你，這種情形經常出現。如果就此畏縮：「他是不願給我名片嗎？」這不是推銷人員應有的想法。內向、被動，對推銷人員來說是不可取的，你盡可以向他請求。「真冒昧，如果方便的話可否給我一張名片。」這樣做，一來不掉你的價，二來會提高對方的身分，沒有什麼不當的。

名片是對方人格的象徵，尊敬對方的名片也就等於尊重對

方的人格，當對方感受到你對他的尊重時，必然會增加對你的好感。這將有利於推銷工作的發展。因此，接受名片時是否有禮貌，直接影響你的推銷成績，切不可等閒視之。

不失分寸地進行自我介紹

根據社交禮儀的具體規範，進行自我介紹，應注意自我介紹的時機、自我介紹的內容、自我介紹的要求等方面的問題，才能使自我介紹恰到好處、不失分寸。

(一) 自我介紹的時機

因業務關係需要相互認識，進行接洽時可自我介紹。

第一次登門造訪，事先打電話約見，在電話裡應自我介紹。

參加大型聚會時，與不相識的與會者或同席的人互相自我介紹。

在出差、旅行途中，與他人不期而遇，並且有必要與之建立臨時接觸時，可適當自我介紹。

初次前往他人居所、辦公室時，要自我介紹。

應聘求職時應先做自我介紹。

利用大眾傳媒，向社會大眾進行自我推介、自我宣傳時。

應試求學時向主考官進行的自我介紹。

(二) 自我介紹的類型

(1) 工作式自我介紹

它又叫公務式的自我介紹，工作式的自我介紹，主要適用於工作中。它是以工作為自我介紹的中心。工作式的自我介紹的內容，應該包括本人姓名、任職的公司及其部門、擔負的職務或從事的具體工作三項，缺一不可。其中，姓名應該一口氣報出，不可有姓無名，或有名無姓。任職公司及其部門，最好全部報出，但具體工作部門有時也可以暫不報出。另外，有職務最好報出職務，職務較低或者無職務，把目前所從事的具體工作報出即可。

(2) 交流式自我介紹

也叫社交式自我介紹或溝通式自我介紹。交流式的自我介紹主要是為了達到與交往對象進一步交流與溝通的目的，希望對方認識自己，並有可能與自己建立關係的自我介紹，主要適用於社交活動中。交流式的自我介紹的內容，應該包括自我介紹者的姓名、工作、籍貫、學歷、興趣以及與交往對象的某些熟人的關係等等。但有些時候不一定非要面面俱到，而應按具體情況而定。

(3) 應酬式自我介紹

應酬式的自我介紹，適用於各種公共場合和一般的社交場合。它的對象，主要是進行一般接觸的交往對象。對自我介

紹者來說，對方屬於泛泛之交，或者早已熟悉。進行自我介紹的目的只不過是為了更明確身分而已，因此，這種自我介紹內容要短小精悍。應酬式的自我介紹的內容一般只包括姓名與任職公司。

（4）禮儀式自我介紹

禮儀式自我介紹，適用於報告、演出、儀式等一些正規而隆重的場合，它是一種表示對交往對象友好、敬意的自我介紹。禮儀式的自我介紹的內容包含姓名、公司、職務等項，但是還應多加入一些適當的謙辭、敬語，以表示自己真誠交往的態度。

（5）問答式自我介紹

問答式的自我介紹，講究有問有答，一般適用於應試、應聘和公務交往。在普遍性交際應酬場合，也會出現此類方式的問答。

（三）自我介紹的要求

注意時間。進行自我介紹一定要力求簡潔，盡可能的節省時間，所用時間越短越好，以半分鐘左右為佳，如無特殊情況最好不要超過一分鐘。為了節省時間，在作自我介紹時，還可利用名片、介紹信加以輔助。自我介紹應在適當的時間進行。進行自我介紹的適當時間指的是對方有興趣、有空閒、情緒好、干擾少、有要求時。

　　實事求是。進行自我介紹時所表述的各項內容，一定要實事求是、真實可信。沒有必要過度謙虛，一味貶低自己去討好別人，但也不可自吹自擂，誇大其辭，在自我介紹時摻水分，會得不償失。

　　講究態度。進行自我介紹，態度務必要自然、隨和。應顯得落落大方，不要矯揉造作。在作自我介紹時，要充滿信心和勇氣。千萬不要因膽怯而臨場發揮失常。在進行自我介紹時，一定要顯得胸有成竹、不慌不忙。這樣做，將有助於自我放鬆，並使對方對自己產生好感。在自我介紹的過程之中，語氣要自然、語速要正常、語音要清晰，這對自我介紹的成功將大有好處。

　　要懂禮貌。在引發對方做自我介紹時應避免直話相問，這樣顯得很沒有禮貌。因此，應盡量用敬語，表現出良好的個人素養。

傾聽可以贏得對方的好感

　　俗話說：只有很好的傾聽別人的，才能更好的說出自己的。如果說溝通的藝術是聽與說的藝術，那首先是傾聽的藝術。成功人士，大多善於傾聽他人，以此促進溝通，獲取資訊、吸收營養。

　　德懷特‧莫洛是一名剛剛出道的外交家，受柯立芝總統之

命出任墨西哥大使。

「這是一件很困難的差使，」布魯斯‧巴頓說，「墨西哥是山姆叔叔手上最敏感的一個手指頭，到那邊去做大使是很麻煩的一件事。」

鑑於此，對莫羅而言，第一次拜見墨西哥總統卡爾士的表現，是具有歷史意義的。

如何給墨西哥總統留下一個良好的印象呢？

在這樣的緊要關頭，莫羅運用了一個策略。

莫羅絕口不提起那些應該由大使來負責談判的嚴重問題。他只是稱讚廚子，多吃了幾塊餅，點著了一支雪茄，請卡爾士總統給他講一些墨西哥的情形，內閣對於國家的希望如何？總統所想做的是哪些事情？他對將來有些什麼看法？

當卡爾士發表意見時，他則在一旁全神貫注的聽。

結果，第二天，卡爾士總統對一個朋友說，莫羅才是真正會說話的大使。

卡爾士總統的這句話讓情緒緊張的墨西哥人、焦急不安的美國人，都長長的鬆了一口氣。

初出茅廬的莫羅如此輕易的折服了卡爾士總統，並非採用了什麼特別的策略，只不過誘使卡爾士總統發表意見，自己洗耳恭聽罷了。

傾聽何以有如此大的魅力？

在許多人眼裡，傾聽不過是一種最基本的溝通手段而已。事實並非如此簡單，傾聽不僅是一種溝通的手段，更是一種禮貌，是尊重說話者的一種表現，是對說話者的最好的恭維。專注傾聽對方說話，可以使對方在心理上得到極大滿足。

這正是莫羅成功的祕訣。透過傾聽，無形之中，他顯示了自己對卡爾士總統的尊崇，讓卡爾士總統感受到了充分的尊重。獲得了尊重與恭維，卡爾士總統不對莫羅產生好感，那才怪呢？！

人人都渴望得到他人的尊重，沒有人會拒絕耐心而專注的聽自己說話的人。當你想贏得他人的好感，或者說服某人的時候，你不要試圖多「說」而要多「聽」。

傾聽，是人們建立和保持關係的一項最基本的溝通技巧。在商業社會，傾聽的作用尤為突出。接待員要弄清楚來訪者希望見誰，銷售員要了解客戶的心理需求，下屬要理解主管的真正意圖……這些，都離不開傾聽。傾聽的效果甚至可以用元和分來計算。

傾聽也是一名經理人所應具備的至關重要的素養。美國的心理學家調查發現，公司主管們的平均時間分配是：百分之九的時間在「寫」，百分之十六的時間在「讀」，百分之三十的時間在「說」，百分之四十五的時間在「聽」。可見，在傾聽中實現溝通，實現管理非常必要。

如今，傾聽已被越來越多的公司視為成功管理的必要條件。對於那些渴望事業有成的人來說，學會傾聽已成為一種責任，一種追求，一種職業自覺。

英國管理學家 L‧威爾德說：「人際溝通始於聆聽，終於回答。」沒有積極的傾聽，就沒有效的溝通。

戴爾‧卡內基認為：在溝通的各項能力中，最重要的莫過於傾聽的能力。滔滔不絕的雄辯能力、察言觀色的洞察力以及擅長寫作的才能都比不上傾聽能力重要。

一家大公司的總經理，任職初期，對該行業的獨特性知道得很少。當有下屬需要他的幫助時，他幾乎無法告訴他們什麼。但慶幸的是，這位總經理深諳傾聽的技巧，所以不論下屬問他什麼，他總是回答：「你認為你該怎麼做呢？」通常，這麼一問，下屬們便會提出各種方法。在傾聽下屬說話中，他了解到很多情況，這樣他就可以依據自己的經驗，幫助他們做出正確的選擇，最後他的下屬總是滿意的離去，心裡還對這位剛上任的老闆讚嘆不已。

傾聽是一種禮貌，是尊重說話者的一種表現，也是對說話者的最好的恭維。因此，傾聽能讓你了解你的溝通對象想要什麼，什麼能夠讓他們感到滿足，什麼會傷害或激怒他們。有時，即使你不能及時提供對方所需要的，只要你樂於傾聽，不傷害或激怒他們，也能實現無障礙地溝通、創造性的解決問題。

　　一九六五年，日本經濟低迷，市場環境很是不好，松下電器的銷售行與代理店受到嚴重影響，全部陷入困境。松下為了改善情況，決定徹底檢討整個銷售體制，但這一舉動遭到了部分銷售行與代理店的反對，而且反對的聲浪日漸高漲。

　　在這種情況下，松下召集了一千兩百家銷售行的負責人進行商議。為了更好的傾聽反對者的聲音，更有效的與他們溝通，會議一開始，松下幸之助就說：「今天開這個會，是想知道大家關於變革銷售體制的想法。請大家各抒己見。」說完，松下就請那些持反對意見的負責人發表意見。在他們發表各自意見時，他則一言不發，靜靜的坐在一旁傾聽。等到所有人的發言都結束了，他才詳細的說明了新的銷售方式的推行目的及方法。令人驚訝的是，這一次，那些銷售行的負責人並沒有站出來反對他的這一改革，反而對新方案表示理解與支持，同意推行。

　　應該說，這次會議的成功更多的是傾聽的成功。透過「傾聽」，松下表達了他的尊重與理解，消除了反對者的不滿，同時贏得了他們的理解與支援。

　　傾聽是人際關係的基礎。傾聽是我們獲取更多的資訊，正確的認識他人的重要途徑。古人曰：「聽君一席話，勝讀十年書。」一個人如果總是張嘴說，學到的東西會很有限，了解的真相會少得可憐。相反，如果善於傾聽，樂意分享別人的資訊與情感，別人也會樂於給出建議。由此，你會學到很多東西，發

現許多思考問題與解決問題的新方法。

適時的保持沉默

　　德拉克羅瓦說：「沉默總是有威力的。慎重的人適時的保持沉默，總會在處理事務和任何種類的關係中，保持著頗大的優勢。」人說沉默是金，是的，有時沉默也是一種解決問題的好辦法。

　　曹操向來都是很欣賞曹植的敏捷才思的，很想把王位傳給他。而法定繼承人曹丕在詩詞方面比曹植相差很多，曹丕的謀士吳質卻很會揣摩曹操的心理，他揚長避短，為曹丕設計了恰當的表現內容，並逐步使曹丕代替了曹植在曹操心目中的地位。

　　一次，曹操要帶兵出征，曹丕和曹植為父親送行。曹植出口成章，頌揚曹操的功德，曹操聽了很是高興。要說曹植這馬屁拍得很準，讓後面出場的曹丕很不好辦，然而吳質卻在曹丕耳旁告訴他，待會兒只要痛哭就行了，什麼都不用說。

　　曹丕一點就通，在曹操面前哭得是昏天暗地，對曹操的眷戀之情表現得淋漓盡致。曹操和眾人都被這場面所感動了。

　　剛才對曹植的良好印象被這「淚水」沖得一乾二淨，曹操及眾人反而認為曹植的華麗詞藻顯得華而不實了。

　　後發先制人可以使你變強，幫你戰勝強者。

有道德者，絕不泛言；有信義者，必不多言；有才謀者，不必多言。多言取厭，虛言取薄，輕言取侮，唯有保持適當的緘默，別人將以為你是一位哲學家。

我們的語言絕對要適量，無把握的事不要亂開口，尤其當有陌生人比我們有經驗和更多了解的人在座時，我們多說了，便是不打自招，暴露了自己的弱點及愚蠢，並失去了一個獲得智慧及經驗的機會。

一個人說得少而且說得好，便可視為紳士。因此，在我們的人生中，有兩種訓練是不可少的，那就是沉默與優美文雅的談吐。如果我們不會機智的談吐，又不會適時沉默，是很大的缺憾，也是不幸的。我們常因談話太多而後悔，所以，當你對某事無深刻了解的時候，最好還是保持沉默吧！

「雄辯是銀，沉默是金。」一位著名的心理學教授解釋說：「沉默可以調節說話和傾聽的節奏。沉默在談話中的作用就相當於零在數學中的作用。儘管是「零」，卻很關鍵。沒有沉默，一切交流都無法進行。」

沉默與精心的措辭具有同樣的表現力，就好像音樂中心音符與休止符一樣重要，能產生更完美的和諧，更強烈的效果。

因此，在我們研究「要怎麼說話」之前，應該先了解「要怎麼不說話」。

沉默並不代表沒有聲音。在商業或私人交際中，適時沉默

是一項有效的溝通技巧。保持適當的緘默，讓自己身在暗處，令人難以琢磨，反而更能占據主動。商業談判中尤其如此。

一個印刷業主得知另一家公司打算購買他的一台舊印刷機，他感到非常高興。經過仔細核算，他決定以兩五十萬美元的價格出售，並想好了理由。

當他坐下來談判時，內心深處彷彿有個聲音在說：「沉住氣。」終於，買主按捺不住，開始滔滔不絕的對機器進行褒貶。

賣主依然一言不發。這時買主說：「我們可以付您三百五十萬美元，一塊錢也不能多給了。」不到一個小時，買賣成交了。

作為消費者，許多人在購買商品時，喜歡討價還價，為了得到最低價，不惜把商品貶得一文不值。其實，這樣做並非上策，有時甚至適得其反，如果你的話太過度，有的店家會很生氣，甚至可能一氣之下，不賣給你了。如果你對商品的品質與價格已有一定的了解，在店家面前，不妨保持適當的沉默，讓店家開出商品的最低價。

作家劉墉寫過類似的故事：

老王想買一處房子。那房子他見過，他的同事老孫就住在那裡。老伴還在老孫媳婦的陪同下去和開發商議過價。老王想以更低的價格買下，於是決定親自出馬。看房那天，老王拔牙，嘴裡塞了棉花，沒有說一句話。結果，不到二十分鐘，老王以四十萬的低價買到了房子，比同事老孫的便宜五萬，比老

伴詢問到的價格少兩萬。

　　我們來看老王是怎麼做的。當屋小姐問老王是否第一次光臨這一社區？他沒說話，只伸出兩根手指。當小姐繼續追問上一次是什麼時候，老王則沒答腔，只聳聳肩、笑笑。

　　進入電梯，小姐告訴老王，現在只剩下三個保留戶，五十坪、八十坪和一百坪，老王依然保持沉默，用一根手指代替了回答。

　　小姐帶著老王，一間一間參觀。到最後，小姐說剩下的是樣品屋，也是全區視野最好的一戶，本來不想賣的。可是建築業不景氣，只好割愛了。看老王沒說話，小姐又忙著告訴他，是減價割愛。老王還是沒吭氣，小姐再次開口，詢問他是否知道以前的價錢，老王點點頭。

　　房子的格局跟老孫的一模一樣，所以到了屋裡，不用小姐帶，老王已經很清楚陽台在哪、熱水器在哪、後門在哪。他特別到陽台上去看了一眼，繞著那大大的冷氣主機轉了一圈，搖搖頭，又指指自己耳朵。他是想告訴小姐，我對這房子很了解，連它的缺點都一清二楚。

　　參觀完畢。老王被帶到銷售中心的辦公室。翻了翻彩色的大樓簡介，老王又指指手錶。小姐趕緊告訴他們的經理，老王對社區已經很熟了。老王點點頭，指了指價目表，搖了搖手指，掏出筆寫了幾個字：「給我一個價錢。」

結果，售屋經理與小姐一商量，開出了最低價：四十萬。

老王從頭到尾，沒說半個字，卻比那些自以為聰明、充內行的人，獲得更好的「待遇」，並且拿到了最低價，為什麼？答案就是「沉默是金」。

老王的沉默顯示了他的「深藏不露」。在那深藏不露之中，他又透露了一些令對方困惑的消息。他讓對方知道了他的身分，知道他是第二次去，知道他對屋子的情況十分了解，知道他清楚行情，甚至讓對方知道「他清楚那房子的缺點」。

相對的，售屋處卻對老王一無所知。也就是說，售屋處在「明處」，老王在「暗處」。因為擔心價格不合理嚇跑顧客，所以他們才一下開出最低價。

生活中，我們常因在不該說話的時候說了話，或在該說話的時候說錯了話而後悔，保持適當的沉默是避免這類問題的最好辦法。保持適當的沉默，除了可以令對方捉摸不透之外，還可以讓你有更多的時間思考，減少說錯話的機率，增加說對話的機率。

巧妙迎合，見什麼人說什麼話

古人云：「言為心聲。」說話的好壞，主要取決於說話者的思想程度、文化修養、道德情操，但講究語言藝術也同樣十分重要。同樣一種意思，從不同人嘴裡說出來，效果可能就

會不同。

雷根在對農民發表演說時，說了這麼一件軼事來討好他的聽眾：

一位農民要了一塊已乾涸的小河谷，這片荒地覆蓋著石塊，雜草叢生，到處坑坑窪窪，他每天去那裡辛勤耕耘，不斷勞作，最後荒地變成了花園，為此他深感驕傲和幸福。

某個星期日的早晨，他操勞一番後，前去邀請部長先生，問他是否樂意看看他的花園。「好吧！」那位部長來了，並視察一番。他看到瓜果累累，就說：「呀，上帝肯定為這片土地祝福了！」

他看到玉米豐收，又說：「哎呀！上帝確實為這些玉米祝福過。」接著又說：「天哪！上帝和你在這塊土地上竟取得了這麼大的成績呀！」

這位農民禁不住說：「尊敬的先生，我真希望你能看到上帝獨自管理這片土地時，它是什麼模樣。」

為了迎合選民對政客的不信任思想，雷根幽默的暗示了政府官員們天生愚蠢得難以估量。

他談到了一座虛構的美國都市，該都市決定把交通標記再豎得高一些。

交通標記原有五英尺高，他們要把這些標記高度改為七英尺。聯邦政府人員插手此事，由他們實施這一工程 —— 他們來

到了這一都市，把街道平面下降了二英尺。

對正在訪問的特定地區加以奉承是雷根的一大特色。如總統的一位幽默顧問解釋的那樣：「幽默的主要價值之一，是讓聽眾明白你知道他們是誰，他們住在哪裡。」

雷根在到達俄勒岡州波特蘭時說：「我的幾位辛勤工作的助手們勸我不要離開國會而風塵僕僕的到這裡來。為了讓他們高興，我說：『好吧！讓我們來擲硬幣，決定是去訪問你們美麗的俄勒岡州，還是留在華盛頓。』你們知道嗎？我不得不連續擲十四次才得到使我滿意的結果。」

雷根迎合少數民族的手法就像他迎合不同地區的人民那樣變化多端，富有吸引力。在向一群義大利血統的美國人講話時，他說：「每當我想到義大利人的家庭時，我總是想起溫暖的廚房，以及更為溫暖的愛。有這麼一家人住在一套稍嫌狹小的公寓房間裡，他們決定遷到鄉下一座大房子裡去。

一位朋友問這家一個十二歲的兒子托尼：「喜歡你的新房子嗎？」孩子回答說：「我們喜歡，我有了自己的房間。我的兄弟也有了他自己的房間。我的姐妹們都有了自己的房間。只是可憐的媽媽，她還是和爸爸住一個房間。」

雷根訪問加拿大，在一座都市發表演說。在演說過程中，有一群舉行反美示威的人不時打斷他的演說，明顯的顯示出反美情緒。雷根是作為客人到加拿大訪問的。作為加拿大的總

理，皮埃爾・特魯多對這種無理的舉動感到非常尷尬。面對這種困境，雷根反而面帶笑容的對他說：

「這種情況在美國是經常發生的。我想這些人一定是特意從美國來到貴國的，可能他們想使我有一種賓至如歸的感覺。」

良好的談吐可以助人成功，蹩腳的談吐則令人障阻重重。在日常生活中，我們身邊的人總是多種多樣，有口若懸河的，有期期艾艾、不知所云的，有談吐雋永的，有語言乾癟、意興闌珊的，有唇槍舌劍的……人們的口才能力有大小之分，說話的效果也是天差地別的。因此，要想在說話上成為高手，達到「到什麼山上唱什麼歌」的境界，就必須要把握其中的奧祕。

古語云「凡事預則立，不預則廢。」所以說話前，有必要對下列問題仔細的考慮：你要對誰講，將要講什麼，為什麼要講這些內容，怎麼講，有什麼有利因素和不利因素，怎樣處理等。劉墉，是乾隆時期有名的宰相。他的能力強、有原則，溝通起來機靈得很，讓乾隆皇帝不寵愛他都不行。

有一回，劉墉陪乾隆皇帝聊天，乾隆很感慨的說：「唉！時光過得真快，就快成了老人家嘍！」

劉墉看看皇帝一臉的感傷，於是說：「皇上您還年輕哩！」

「我今年四十五歲，屬馬的，不年輕啦！」乾隆搖搖頭，接著看了一眼劉墉問：「你今年多大歲數啦？」

劉墉畢恭畢敬的回答：「回皇上，我今年四十五歲，是屬

驢的。」

乾隆聽了覺得很奇怪，於是就問：「我四十五歲屬馬，你四十五歲怎麼會屬驢呢？」

「回皇上，皇上屬了馬，為臣怎敢也屬馬呢？只好屬驢嘍！」劉墉似笑非笑的回答。

「好個伶牙俐齒的劉羅鍋！」皇上撫掌大笑，一臉的陰霾盡失。

見什麼人說什麼話，就是在告訴我們，談話時要盡量使用對方認同的語言，談論對方熟悉和關心的話題，並且也要視當下的具體情況靈活應變，以便在迎合對方心理的同時，也贏得對方的好感；唯有贏得對方的好感，才有可能得到我們想獲得的東西，而這也是成就大事的一種技巧。

拒絕要掌握技巧

說「不」是每個人的權利，就像我們要生存一樣。當然，拒絕別人也不是件容易的事情。正如一位學者所說：「求人做事固然是一件難事，而當別人求你做事，你又不得不拒絕的時候，也是教人萬分頭痛的。因為每個人都希望得到別人的重視，同時我們也不希望給別人帶來不愉快，所以也就很難說出拒絕別人的話。」

學會拒絕是人生應具備的基本功之一。唯有恰當的拒絕一

些不必要的干擾，我們才能集中精力，去完成更為重要的事情。

當我們想拒絕別人時，心裡總是想：「不，不行，不能這樣做，不能答應！」可是，嘴上卻含糊不清的說：「這個……好吧……可是……」有時還會習慣性的認為，拒絕別人的要求是一種不良的習慣。

因此，在很多時候，還沒來得及聽清別人的要求是什麼，就心不在焉的答應了，常把自己推入兩難的境地。因此我們要有效的把握自己的語言順序，學會適當的拒絕別人。但是過於直率的拒絕每一個問題，永遠說「不」，很容易得罪人，不利於待人接物，這就需要我們懂點心理學，掌握拒絕的技巧。

(1) 時刻準備好說「不」

那些在別人不論提出多不合理的要求時都很難說「不」的人，通常是由於以下原因造成的。首先對自己的判斷力缺乏自信，不知道什麼是自己應該做的，什麼是別人不該期望自己做的。其次渴望討別人喜歡，擔心拒絕別人的請求會讓人把自己看扁了。最後是自卑作怪，因而把別人看成是能控制自己的「權威人士」。然而，不論出於何種理由，這些不敢說「不」的人通常承認自己受感情所支配。不管過去的經歷如何，他們從未在別人提出要求時有一個準備好的答覆。

(2) 用沉默表示拒絕

當別人問：「你喜歡某某嗎？」你心裡並不喜歡，這時，你

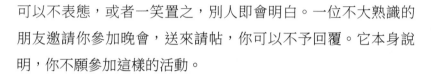

可以不表態，或者一笑置之，別人即會明白。一位不大熟識的朋友邀請你參加晚會，送來請帖，你可以不予回覆。它本身說明，你不願參加這樣的活動。

(3) 用拖延表示你的拒絕

一位女孩想和你約會。她在電話裡問你：「今天晚上去看電影，好嗎？」你可以回答：「明天再約吧，到時候我會打電話給你。」

一位客人請求你替他換個房間，你可以說：「對不起，這要值班經理決定，他現在不在。」你和妻子一起上街，妻子看到一件漂亮的連衣裙，很想買。你可以拍拍衣袋：「糟糕，我忘了帶錢包。」

有人想找你談話，你看看錶：「對不起，我還要參加一個會議，改天可以嗎？」

(4) 用迴避表示拒絕

你和朋友去看了一部無聊的喜劇片，出電影院後，朋友問：「這部片子怎麼樣？」你可以回答：「我更喜歡抒情一點的片子。」

(5) 選擇其他話題說出「不」

當別人向你提出某種要求時，他們往往透過迂迴婉轉的方式，繞個大彎子再說出原意，如果你在他談到一半時就知道了他的意圖，並清楚自己不能滿足他的願望時，你不妨把話題岔

開，說些別的，讓他知道這樣做只會讓你為難，他也就會知難而退了。

(6) 用反問表示你的意見

在和別人一起談論物價問題時當對方問：「你是否認為物價漲價太快？」你可以回答：「那麼你認為漲價太慢了嗎？」

你的朋友問：「你喜歡我嗎？」你可以回答：「你認為我喜歡你嗎？」

(7) 友好的說「不」

你想對別人的意見表示不同意時，要注意把對意見的態度和對人的態度區分開來，對意見要堅決拒絕，對人則要熱情友好。

一位作家想同某教授交個朋友。作家對教授熱情的說：「今晚我請你共進晚餐，你願意嗎？」不巧教授正忙於準備學術報告會的講稿，實在抽不出時間。於是，他親熱的笑了笑，帶著歉意說：「對你的邀請，我感到非常榮幸，可是我正忙於準備講稿，實在無法脫身，十分抱歉！」

(8) 巧妙的說「不」

當一個你並不喜歡的人邀請你吃飯或遊玩時，你可以有禮貌的說：「我老媽叫我和她一起去看祖母呢！」這種說法在隱藏了個人的意願的同時，大大減輕了被拒絕一方的失望和難堪。

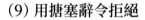

(9) 用搪塞辭令拒絕

外交官們在遇到他們不想回答或不願回答的問題時，總是用一句話來搪塞：「無可奉告。」生活中，當我們暫時無法說具體的答案時，也可用這句話。還有一些話可以用來搪塞：「天知道」「事實會告訴你的」等。

(10) 用幽默方式說出「不」

在羅斯福還沒有當選美國總統時，曾在海軍擔任要職。一天，一位好友由於好奇向羅斯福問起海軍在加勒比海一個小島上建設基地的情況。羅斯福神祕的向四周看了看，對著朋友耳朵小聲說：「你能保密嗎？」「當然能，誰叫我們是朋友呢？」朋友挺有誠意的回答。「我也能，親愛的。」羅斯福一邊說，一邊對朋友做了個鬼臉，兩人大笑起來。

可見，如果以幽默的方式說「不」，氣氛會馬上鬆弛下來，彼此都感覺不到有壓力。

學會委婉的拒絕，恰當的說「不」並不是一件難事。只要理解了上面的幾種方法，用最理想的方式表達自己的否定想法，並把它融入到實際生活中，一定會對自己的人際社交有所幫助。

盡量引導對方多說

聽別人說，引導別人多說，這才是有效的溝通之道。不是

嗎？他說得越多，你了解得越多。

如果你找一些下屬，詢問他們有關新專案的計畫方案，還沒等他們說，你先說出了你自己的一大堆想法：你的期望是什麼，你對進程的安排怎樣，你對方案的初步設想是什麼。其實，這並非明智之舉。

你為什麼不等一等，讓你的下屬暢所欲言，聽他們說？你怎麼不想想他們很可能有全新的觀點，想到你不可能想到的好點子？你先說了一大半，如果他們想的與你想的不一樣，他們可能會顧及你的面子而不願說或者因為害怕得罪你而不敢說。

某公司的總裁，當他試著鼓勵員工積極主動參與會議討論時，他發現沒有多大效果。於是，他在員工會議上做了錄音，會後，他仔仔細細的聽了一遍重播錄音，他驚訝的發現問題就在自己身上。例如：當提出一個問題進行討論時，自己首先就說：「你怎麼想的？我是這麼想的……」這樣就把討論集中到他自己的觀點上了。錄音幫助他發現了矛盾，解決了問題。此後，他說得少了，員工們自然說得多了，他獲得的資訊也就多了。

總而言之，你說得越多，了解得就越少，而讓對方多說，你了解得也就越多。

你是否問過自己：與人交談時，別人說話的時間與你說話的時間各占多大比例？仔細留意一段時間，你會發現，自己談

話所占用的時間遠遠超出自己的想像。

　　一位作家在重播他的錄音採訪時，驚訝的發現，在整個採訪過程中，他占用了大部分的時間來談他自己，他的能力，他的成就，他的興趣，這樣的情形恰好解釋了為什麼他的很多採訪毫無用處。

　　談論自己太多，而讓別人說得太少是許多人人際關係不夠好、人際網路不夠寬廣的重要原因。如果一個人說得太多，別人說話的時間就少了，你就無法知道什麼對他是重要的，贏得他人好感的辦法是什麼。只有自己少說、引人多說，才能激發別人與你互動的興趣，才能與之建立良好的關係。

　　如果引別人多說呢？「設問」是一大祕訣。

　　設問，即使原本沒有疑問而自提自問，是明知故問。設問用得好，能引人注意，誘人思考，把談話內容變得更加吸引人。

　　聯邦自動販賣機製造公司的業務部要求所有的推銷員去從事業務時，都帶上一塊兩英尺寬三英尺長的厚紙板，紙上寫著：「要是我可以告訴您如何讓這塊地方每年收入三百美元，你會感興趣的，對嗎？」當推銷員與顧客見面時，就打開紙板鋪在櫃檯或者合適的地方，引起顧客的注意與興趣，引導顧客去思考，從而轉入正題。這個方法讓該公司的市場不斷擴大。

　　「設問」是溝通過程中一大利器，是接近那些難以接近的人的最好辦法。如果你想在你的生活與工作中，與需要建立關係

但又很難相處的人交往，你可巧妙的設問，讓他們多多談論自己。要知道，人們在談論自己的時候，總是高興的、投入的，只要他們高興了，便容易與你形成互動。

原一平前去拜訪一位建築企業的董事長渡邊先生。可是渡邊並不願意理會原一平，一見面就給他下了逐客令。原一平並沒有退縮，而是問渡邊先生：「渡邊先生，我們的年齡差不多，但您為什麼能如此成功呢？您能告訴我嗎？」

原一平在提這個問題時，語氣非常誠懇，臉上表現出來的跟他心裡想的一樣，就是希望向渡邊先生學習到其成功的經驗。面對原一平的求知渴求，渡邊不好意思回絕他。於是，他就請原一平坐在自己座位的對面，把自己的經歷開始向他講述。沒想到，這一聊就是三個小時，而原一平始終在認真的聽著，並在適當時候提了一些問題，以示請教。

最後，渡邊的建築公司裡的所有保險，都在原一平那裡下保單了！

所以，明知故問也不是瞎問，你要問那些讓對方感興趣的、引以為豪的。比如他輝煌的業績、成功的經驗，他目前最關心的問題以及他最感興趣的問題等。

其實一味的強調並不一定有良好的效果，而問話特別是巧妙的問話往往可以使人記得更牢，效果更好。

我們知道，談話的目的在於讓對方接受，而接受的關鍵在

於攻心。攻心有正攻有反攻，所謂正攻者，即正面說服的意思，循循善誘是其特徵。特別是當被說服的對象處於一種對道理不了解的狀況時，正面誘導就能達到畫龍點睛的作用。在古今許多事情的重要場合，誘導攻心法所產生的作用是採用別的方法所不能代替的。從下面的事例中我們可以學到如何運用誘導攻心法來說服別人聽從你的勸告。

1‧啟發式問法

俄國十月革命剛剛勝利的時候，許多農民懷著對沙皇的刻骨仇恨，堅決要求燒掉沙皇住過的宮殿。別人勸解了多少次，農民都置之不理，非燒不可。最後，只好由列寧親自出面做說服工作。列寧對農民說：「燒房子可以，在燒房子之前，讓我講幾句話，可以不可以？」

農民說：「可以。」

列寧問道：「沙皇住的房子是誰造的？」

農民說：「是我們造的。」

列寧又問：「我們自己造的房子，不讓沙皇住，讓我們自己的代表住好不好？」

農民齊聲回答：「好！」

列寧再問：「那麼這房子還要不要燒呢？」

農民覺得列寧講得好，同意不燒房子了。

列寧採用的這種「啟發式問話」方式，使農民從對沙皇的仇

恨中解脫了出來，同時也放棄了原來的想法。

2・順勢問法

宋神宗時，孫覺出任福州知州，有一些貧苦人因拖欠官府的錢而被送進監獄。孫覺非常同情他們，當時正好有一些富人想出大錢來整修佛殿，富人們向孫覺請示。孫覺想了想說：「你們施捨錢財，為的什麼？」回答曰：「願意得福。」孫覺說：「佛殿沒怎麼壞，菩薩像也好好的。假若用這些錢為關在監獄裡的人償還他們所欠的官錢，使之脫離枷鎖之苦，那樣所得的福豈不更多嗎？」富人們不得已只好答應了。就這樣，孫覺從施捨錢財這一角度出發，將捐錢的目的順勢引到了救人積福方面，使富商們無話可說，解救了不少人的危難。

3・逼迫問法

秦宣太后在宮中守寡，與大臣魏丑夫暗中勾搭，情投意合。後來太后病重不起，臨死前感到離不開魏丑夫，就命令魏丑夫陪葬。

魏丑夫聽說此事嚇得面無人色，到處找人說情。大臣康芮自告奮勇找太后，一見就說：「死人還有知覺嗎？」

太后支支吾吾的回答：「沒有知覺。」

康芮說：「既然沒有知覺，為什麼還要把生前所愛的人活活弄到墳墓裡和死人埋葬在一起呢？再說，如果死人有知覺，那麼在陰間的先王積怨也應該很久了。太后到了陰間連請罪還來

不及，哪有什麼空去與魏丑夫相好呢？」

太后沉吟了半晌，咬咬牙說：「罷了。」

康芮以死人是否有知覺為前提一開始就將太后逼到了沒有退路的地步，然後採用順勢問話迫使太后放棄了陪葬的主意，這種說理方式顯然是值得今人好好學習繼承的。

在以上的例子中，政治家們都巧妙的使用了問話的方式，而且問得巧妙，問完之後還要針對對方所回答的答案進一步說明，這樣對方就不知不覺的進入了談話的圈套中，談話的主動權就掌握在你手裡，結果當然可想而知。

難言之時巧開口

恭維別人，淨說一些拜年的話，倒也不困難。但是，在現實的生活中，有時候你卻不得不說一些對方不願意聽，或者對對方不利的話。

覺得難說出口而一拖再拖，不但會令你更加開不了口，而且，當山窮水盡不得不說的時候，會被責問：「為什麼不早一點告訴我？」這麼一來，你的形象在別人眼裡就大大的下降了。

許多人都有過膽小、懦弱的時候，對於說不出口的話，總是沒辦法坦然的說出，因此，吃了不少虧，也給別人帶來了麻煩。

說話的技巧是要抓住要點，適時的把內容做最有效果的傳達。所以，滿嘴嘰哩呱啦說得天花亂墜，在必要關頭卻開不了口的人，算不上能言善道。

那麼，要如何才能把一件不便說出口的事，巧妙婉轉的表達出來呢？

(1) 在幽默的玩笑話中道出事實

莊重嚴肅的話題會使人緊張慎重，而輕鬆幽默的話題，往往能引起感情上的愉悅。在條件允許的情況下，最好能把莊重嚴肅的話題用輕鬆幽默的形式說出來，這樣對方可能更容易接受。

一個剛畢業的大學生在一家外資企業工作，在較短的時間內，連續兩次提出合理化建議，使生產成本分別下降百分之十至百分之二十。主管非常高興，對他說：「好好做，我不會虧待你的。」

這名大學生當然知道這句話可能意義重大，也可能不值一文。他想要點實在的，便輕鬆一笑，說：「我想你會把這句話放到我的薪水袋裡的。」主管會心一笑，爽快應道：「會的，一定會的。」不久他就獲得了一個大紅包和加薪獎勵。

面對主管的鼓勵，大學生如果不是這樣俏皮，而是坐下來認真嚴肅的提出加薪要求，並擺出理由若干條，結果可能會相反。

(2) 說話轉個彎，套出對方的話

有時，一些話自己直接說出來顯得很難為情，這時，繞彎子，讓對方開口無疑是好辦法。

李某準備借助於好友劉某的路子做筆大生意，在他將一筆鉅款交給劉某的第二天，劉某暴病身亡。李某立刻陷入了兩難境地：若開口追款，太刺激劉某的親人；若不提此事，自己的局面又難以支撐。

幫忙料理完後事，李某對劉的妻子說：「真沒想到劉哥就這麼突然的走了，我們的合作才開始啊。這樣吧，嫂子，劉哥的那些人脈關係你也認識，你就出面把這筆生意繼續做下去吧！需要我跑腿的時候儘管說，吃苦出力的事情我不怕。」

看他絲毫沒有追款的意思，還豪氣沖天，義氣感人，劉的妻子很是感動。其實他明知劉妻沒有能力也沒有心思做下去。話中又加上巧妙的提醒：我只能跑腿出力，卻不熟悉這些門路；困難不小還又時不我待。

結果呢？劉妻反過來安慰他道：「這次出事讓你生意上受損失了，我也沒辦法做下去了，你還是把錢拿回去再找機會吧。」

(3) 用商量的口氣

用商量的口氣把要求辦的事說出來不失為一種高明的辦法，如：「能快點把這件事做一下嗎？」

假裝自己沒把握，把請求、建議等表達出來，給對方和自

己留下充分的退路。例如:「你可能不願意去,不過我還是想麻煩你去一趟。」

在別人或者向別人提出建議時,如果在話語中表示人家可能不具備有關條件或意願,那就不要強人所難,自己也顯得很有分寸。

(4) 採用婉求、誘導法

美國《紐約日報》總編輯雷特想找一位精明幹練的特別助理,他把目光瞄準了年輕的約翰‧海。當時約翰剛從西班牙首都馬德里卸任外交官職,正準備回到家鄉利諾伊州從事律師事業。

雷特請他到聯盟俱樂部吃飯。飯後,他提議請約翰‧海到報社去玩玩。在這期間,雷特從許多電訊中,找到了一條重要消息。那時恰巧國際新聞的編輯不在,於是他對約翰說:「請坐下來,幫我為明天的報紙寫一段關於這條消息的社論吧。」約翰自然無法拒絕,於是提起筆來就寫。社論寫得很棒,於是雷特請他再幫忙幫忙一星期、一個月,漸漸的乾脆讓他擔任這項職務。約翰就這樣在不知不覺中放棄了回家鄉做律師的計畫,而留在紐約做新聞記者了。由此,人們總結出一條求人做事的規律:央求不如婉求,勸導不如誘導。

(5) 變相「要脅」

一位老師是個非常熱心的教育家。有一天,她到附近的圖

書館去，想借一些有關教育的書籍。她詢問圖書館內的管理員：「一個禮拜能否借二十五本書？」

圖書館的管理員告訴她：「一個人一次只能借走兩本，這是無法通融的。因為要借書的人太多了。」

這個老師聽了這些話後，很激動的說：「我知道了，那麼，以後我每週都帶學生來，讓他們每人都借一本。」

原來很頑固的圖書館管理員聽了她的話後，突然改變了態度，取消了原來的規定。

在這件事中，最令人痛快的莫過於，當這位老師提出要讓每一個同學來借書時，圖書館管理員就打破了要遵守規定的規則。圖書館管理員雖然知道應該遵守規定，但他又厭惡繁雜的工作，對工作不熱心，所以才做出上述的決定。

善意的謊言是溝通的潤滑劑

謊言，在人際社交中幾乎是不可缺少的。有些人說自己從來不說謊，這句話本身就一定是謊言。任何一個人獲悉親戚病重或朋友遭難，就會時常說一些與實際情況完全不符的謊言。在這個意義上講，世界上沒有不說謊的人。

因此，誠實要看什麼時間、什麼地點、面對什麼人、講述什麼事情。俗話說：「適當的謊言是權宜之計。」由此可知，在某些場合還是有說謊的必要的。有時，謊言不一定全是壞話，

人與人相處是沒有絕對誠實的，有時謊言和假象更能促進友情和愛情的發展，這種例子隨處可見。

雨果的不朽名著《悲慘世界》裡那個主角尚萬強本是一個勤勞、正直、善良的人，但窮困潦倒，度日艱難。為了不讓家人挨餓，迫於無奈，他偷了一個麵包，被當場抓獲，判定為「賊」，鋃鐺入獄。

出獄後，他到處找不到工作，飽受世俗的冷落與恥笑。從此他真的成了一個賊，順手牽羊，偷雞摸狗。警察一直都在追蹤他，想盡辦法要拿到他犯罪的證據，把他再次送進監獄，他卻一次又一次逃脫了。

在一個風雪交加的夜晚，他飢寒交迫，昏倒在路上，被一個好心的神父救起。神父把他帶回教堂，但他卻在神父睡著後，把神父房間裡的所有銀器席捲一空。因為他已認定自己是壞人，就應做壞事。不料，在逃跑途中，被警察逮個正著，這次可謂人贓俱獲。

當警察押著尚萬強到教堂，讓神父辨認失竊物品時，尚萬強絕望的想：「完了，這一輩只能在監獄裡度過了！」誰知神父卻溫和的對警察說：「這些銀器是我送給他的。他走得太急，還有一件更名貴的銀燭台忘了拿，我這就去取來！」

尚萬強的心靈受到了巨大的震撼。警察走後，神父對尚萬強說：「過去的就讓它過去，重新開始吧！」

從此，尚萬強洗心革面，重新做人。他搬到一個新地方，努力工作，積極上進。後來，他成功了，畢生都在救濟窮人，做了大量對社會有益的事情。

人生的道路不平坦，逆境常多於順境。身處逆境，面對不幸，當事者不僅需要堅強，也迫切需要別人的勸慰。而此時及時送上真誠的安慰，必要時說上幾句謊言，如雪中送炭，能給不幸者以溫暖、光明和力量。例如：對於身患絕症的病人，只能把病情如實告訴其家屬，而對其本人，則應重病輕說。如果謊言喚起了他對生活的熱愛，增強了他對病魔鬥爭的意志，就有可能使其生命延續得更長久，甚至戰勝死神。

善良的謊言，其用心當然也是善良的，即為了減輕不幸者的精神痛苦，幫助其重振生活的勇氣。即使此人以後明白了真相，也只會感激，不會埋怨。即使當時半信半疑，甚至明知是謊話，通情達理者仍會感到溫暖、寬慰。明知會加重對方的精神痛苦，但仍要實言相告，如不算壞話，也該算是蠢話。

美國作家歐‧亨利的一篇小說講了這樣一個故事：

在某醫院的一個病房裡，身患重病的一個女病人房間外有一棵樹，樹葉被秋風一刮，一片一片的掉落下來，隨著落葉蕭蕭、淒風苦雨，病人身體也隨之每況愈下，一天不如一天。她想：當樹葉全部掉完時，我也就要死了。一位老畫家得知此情後，被這種悲泣深深打動了，他用自己的畫筆為樹枝畫了三片

葉子，使那位瀕臨死亡的女病人堅強的活了下來。

善良的謊言應符合三條規則。

(1) 真實

謊言是無法真實時的一種真實。當人無法表露自己的真實意圖時，就選擇一種模糊不清的語言來表達真實。例如一位女孩穿著新買的時裝，問朋友是否漂亮，但朋友覺得實在難看時，就可以模糊作假，回答說：「還好。」「還好」是一個什麼概念，是不太好或是還可以？這就是謊言中的真實。它區別於違心而發的奉承和諂媚。

(2) 合情合理

合情合理是謊言得以存在的重要前提，許多謊言明顯是與事實不符的。但因為它合乎情理，因而也同樣能展現人們的善良、愛心和美好。經常有這樣的問題：妻子患了不治之症，不久將要死去，丈夫為之極感頹喪。他應該讓妻子知道病情嗎？大多數專家認為：丈夫不應該把事情的真相告訴她，也不應該向她流露痛苦的表情，以免增加她的負擔，應該使妻子在生命的最後一刻盡可能快活。當一位丈夫忍受著即將到來的永別時，他那與實情不符的安慰反而會帶給人們以心靈的震撼和感動，因為在這裡，謊言包含了無限艱難的克制。

(3) 必須

指許多謊言非說不可。這種必須有時是出於禮儀。例如：

當一個人應邀去參加慶祝活動前遇到了不愉快的事情時，他必須把悲傷和惱怒掩蓋起來，帶著笑意投入到歡樂的場合。

　　這種掩蓋是為了禮儀的需要，怎能加以指責？有時候說謊言是為了擺脫令人不快的困境。生活中離不開謊言，有些時候，我們不能不說謊；在一些非常的時刻，甚至只有說謊，事情的結果才會更加圓滿。謊言終究是謊言，不值得我們去推崇。但善意的謊言是出於善良的動機，以維護他人利益為目的和出發點的。善意的謊言是一種處世的方式，是一種替人著想的心態。謊言就像生活的潤滑劑，在適當的時候說出來的謊言，飽含真誠和甜蜜，能讓說謊者與被「騙」者共用歡快。

第三章
投其所好，知己知彼好做事

「投其所好」不是狡詐，也不是坑蒙拐騙，它是真誠的一種展示形式。當我們說出不中聽的話、做出不受歡迎的舉動來，又怎麼能說是與人為善、友好相處呢？俗話說得好：「不打無準備之仗。」做好充足的準備，是事半功倍的基礎。事先了解對方的相關資訊、興趣、愛好、特長等，才能使自己有的放矢，才能贏得對方青睞。

利用初始效應，留下良好第一印象

在人與人的交往中，我們常常會說或者會聽到這樣的話：

「我從第一次見到他，就喜歡上了他。」

「我永遠忘不了他留給我的第一印象。」

「我不喜歡他，也許是留給我的第一印象太糟了。」

「從對方敲門入室，到坐在我面前的椅子上，就短短的時間內，我就大致知道他是否合格。」

這些話說明了什麼？說明大多數的人都是以第一印象來判斷、評價一個人的。

對方喜歡你，可能是因為你留給他的第一印象很好；對方討厭你，可能是你留給他的第一印象太糟。

這就是所謂的初始效應。初始效應，也叫做「第一印象效應」，是指最初接觸到的資訊所形成的印象，對我們以後的行為活動和評價的影響。通常，人在初次交往中給對方留下的印象很深刻，人們會自覺的依據第一印象去評價某人或某物，今後與人與物打交道的過程中的印象都被用來驗證第一印象。

第一印象能在生活中有巨大影響，可能比其他的更重要。好的第一印象雖說只是表面現象，具有片面性，但人們卻習慣的評價你的整體形象：「這人挺不錯的！」反之，雖然你有很多有點和長處。留給別人第一印象不好，人們也會忽略你美好

的一面。

　　有句俗話：「先入為主。」用來形容人的第一印象十分合適。尤其是在節奏如此之快的現代社會，人們都會把第一印象作為評判交往對象的標準，而無論這個標準是正確還是錯誤的。第一印象的好壞比以後的第二次，第三次印象都重要的多，它幾乎可以決定人們是否願意與你繼續來往。

　　張鵬在禮品公司工作，某一年被委派到外縣市尋找禮品合作夥伴。經人介紹，他與外縣市某公司的劉總準備會面。張鵬被引進劉總的辦公室後，看見一個中年男人坐在辦公桌後打電話。他穿著灰色的、人造纖維的格子西服，一條花亮的領帶露在他V形口的毛衣外面，鼻子裡的鼻毛像茂盛的草叢，毫無顧忌的伸出鼻孔，他張口講話時，一口黃牙暴露無遺。電話中，他大聲的訓斥著對方，然後，毫不客氣的猛然摔下電話。

　　「噢！上帝啊，這就是公司的老闆？」張鵬心中不免非常失望。接下來，劉總與張鵬象徵性的握了握手。「冷酷的、拒人千里之外的死魚式的握手。」當時，張鵬心中的失望又增加了一分。當劉總邀請張鵬共進午餐時，在座的還有張鵬的那位身材略胖的同事以及劉總的兩位副手，就餐時話題無意間進入飲食與肥胖的關係，劉總旁若無人的指責胖的人沒有節制飲食。張鵬的胖同事低頭不語，敏感的張鵬舉杯轉移話題：「這杯酒好有味道。」劉總喝完了酒，再度拾起肥胖的話題，強烈的攻擊胖的人之所以胖是由於懶惰。

　　最終，他們之間沒有結成商業同盟。張鵬談到這段經歷時說：「他留給我一個永不可磨滅的可怕的惡劣印象。從我一進門的瞬間，他那張冷酷不帶微笑的臉和那雙死魚般的手，無不在告訴我這是一個冷酷的、沒有修養的人。在餐桌上的表現，更進一步證明了我對他的第一印象。他不但沒有修養，簡直是沒有教養，不懂得一點點為人的基本禮貌。我無法想像與這種人合種會有什麼的後果！我更無法理解他為什麼可以坐在公司老闆的位置上？他早就應該被時代淘汰。」

　　心理學家認為，第一印象主要是一個人的性別、年齡、衣著、姿勢、臉部表情等「外部特徵」。一般情況下，一個人的體態、姿勢、談吐、衣著打扮等都基本上反映出這個人的內在素養和其他個性特徵。

　　為此，與人初次見面，應對自己的一舉一動、一顰一笑多加注意。那麼怎麼才能留給他人良好的第一印象呢？

(1) 服裝得體，儀表大方

　　一個蓬頭垢面，衣衫不整的人站在你面前，一定會讓你討厭。服裝也並不一定要趕時髦，最要緊的是得體大方，乾淨整潔。

(2) 表情自然，舉止文雅

　　與人交往，不應死板著臉孔，而要面帶自然，親切的笑容，但不要裝笑，低三下四似的，或讓人感到假惺惺的。在陌

生人面前不要膽怯，拘謹，緊張那樣顯得你實力欠缺；也不要不懂裝懂，盛氣凌人，那樣就會因刺痛了別人的自尊而受到反擊，顯得缺乏教養。

總之態度要謙虛、大方。注意自己的姿態。不要歪歪斜斜的坐著，高翹起二郎腿，說話時手舞足蹈，唾沫四濺，別人說話時不要隨意打斷或東張西望。

(3) 充滿自信，不卑不亢

自信是人們對自己才幹、能力、知識素養、性格修養，一集健康狀況相貌等的一種自我認同和自我肯定。向他人展示自己的自信，可以給他人穩重、可靠、積極向上的感覺。

不卑不亢，就是不驕傲自大，不卑躬屈膝，做出討好，巴結別人的姿態，前者引起別人反感，後者則有損自己人格。

(4) 禮貌待人，主動熱情

禮貌待人首先要求用語禮貌，使用「請，謝謝你，對不起，」等這些日常禮貌勇於既是對別人的尊重也是對自己的尊重，其次是舉止得體，坐有坐相，站有站姿，不扭捏作態也不隨意放肆。主動熱情要求在交往中表現為喜歡、讚美、關心他人。同時良好的衛生習慣，機靈勤快也能給人留下深刻的印象。

(5) 說話謹慎，拿準分寸

談話時要注目對方說話，同意時就點頭，有去就微笑，不要打斷別人的話，但可以詢問，以表示你在用心聽，不要誇誇

其談，也不哎喲一聲不吭。在對方願意聽，你又思考過的問題上，可以多聊幾句。促使氣氛活躍一些，油嘴滑舌要不得。

(6) 積極求同，縮短距離

社交交往中有個重要的原則：相似性原則。雙方只要在興趣、愛好、觀點、志向，包括年齡、籍貫、服飾等放賣弄有相同之處，往往可以縮短彼此的距離，改變陌生感。常言道：親不親，故鄉人，美不美，家鄉水。異鄉遇同鄉，他鄉談故里。初次交往中積極尋求接近的共同點，會給人留下良好的第一印象。

良好的第一印象是一把大公開機遇大門的鑰匙，自覺的利用初始效應可以幫助我們順利的進行人際社交。

在人的一生當中，會遇到很多種要的第一次，也就會有很多需要重視的第一印象。比如：求職，第一次去見面試官；求人做事，第一次登門拜訪；入職，第一次見公司同事；找對象，第一次與對方約會……這些第一次都很重要。從小的方面來看，關係到求職能否成功、事情能否辦成；從大的方面來看，關係到事業能否如願，婚姻能否美滿。

因此，在現實交往中，務必在「慎初」上下功夫，力爭給對方留下好的第一印象。

記住對方的名字

　　人對自己的姓名最感興趣。把一個人的姓名記住，很自然的叫出口來，這是一種最簡單、最明顯，而又是一種最能獲得好感的方法。這不僅能增加自己的親和力，贏得對方的信任，而且還有利於建立一個良好的人際關係，對自己事業的成功有很大的幫助。試想一下，當你滿面春風的出現在朋友面前，而他卻想不起你的名字，甚至將你的名字喊錯，你會怎麼想？你心中的密切感還會存在嗎？同樣，如果你想讓別人親近你，最好的辦法就是記住對方的名字。

　　其實，記住他人的名字並不是一件難事，如果你肯花上一點點時間去記，就可輕而易舉的辦到。然後再真心與人相處，就會獲得對方的友誼。

　　記住名字不僅是禮貌，還是對他人的尊重。

　　成功學大師卡內基說：「記住，不論在哪一種語言之中，一個人的名字都是最甜蜜、最重要的聲音。」

　　安德魯·卡內基被稱為鋼鐵大王，但他自己對鋼鐵的製造懂得很少。他手下有好幾百個人，都比他了解鋼鐵。

　　但是他知道怎樣為人處世，這就是他發大財的原因。他小時候，就表現出組織才華。當他十歲的時候，他發現人們把自己的姓名看得很重要。而他利用這項發現，去贏得別人的合作。例如：他孩提時代在蘇格蘭的時候，有一次抓到一隻兔子，

那是一隻母兔。他很快發現多了一窩小兔子，但沒有東西餵牠們。可是他有一個很妙的想法。他對附近的孩子們說，如果他們找到足夠的苜蓿和蒲公英，餵飽那些兔子，他就以他們的名字來給那些兔子命名。這個方法太靈驗了，卡內基一直忘不了。好幾年之後，他在商業界利用類似的方法，賺了好幾百萬元。例如：他希望把鋼鐵軌道賣給賓夕法尼亞鐵路公司，而艾格‧湯姆森正擔任該公司的董事長。因此，安德魯‧卡內基在匹茲堡建立了一座巨大的鋼鐵工廠，取名為「艾格‧湯姆森鋼鐵工廠」。當卡內基和喬治‧普爾門為臥車生意而互相競爭的時候，這位鋼鐵大王又想起了那個關於兔子的經驗。

卡內基控制的中央交通公司，正在跟普爾門所控制的那家公司爭生意。雙方都拼命想得到聯合太平洋鐵路公司的生意，你爭我奪，大殺其價，以致毫無利潤可言。卡內基和普爾門都到紐約去參加聯合太平洋的董事會。有一天晚上，他們在聖尼可斯飯店碰頭了，卡內基說：「晚安，普爾門先生，我們豈不是在出自己的洋相嗎？」

「你這句話怎麼講？」普爾門問道。

於是卡內基把他心中的話說出來 —— 把他們兩家公司合併起來。他把合作而不互相競爭的好處說得天花亂墜。普爾門傾聽著，但是他並沒有完全接受。最後他問：「這個新公司要叫什麼呢？」卡內基立即說：「普爾門皇宮臥車公司。」

普爾門的眼睛一亮。「到我房間來，」他說，「我們來討論一番。」這次討論改寫了美國工業史。

安德魯‧卡內基以能夠叫出許多員工的名字為傲；他很得意的說，當他親任主管的時候，他的鋼鐵廠未曾發生過罷工事件。

名字對一個人來說，應該算是最重要的東西之一了吧。一個人從出生到去世，名字就一直和他纏在一起。人們不能沒有名字，因為這是一個人區別於其他人的重要標誌。叫響一個人的名字，這對於他來說，是任何語言中最動人的聲音。

但是，很多人不記得別人的名字，因為他們認為沒有必要下功夫和精力去記別人的名字。如果問他們為什麼，他們肯定會為自己找藉口，說自己很忙。一般人大概不會比羅斯福總統更忙，可是他甚至會把一個技工的名字，牢牢的記下來。

羅斯福總統知道一種最簡單、最明顯，而又是最重要的獲得好感的方法，那就是：

記住對方的姓名，使別人感到自己很重要。

但是，在我們之間，又有多少人能這樣做呢？

記憶姓名的能力，在事業上、交際上和政治上是同樣重要的。

法國皇帝拿破崙三世，即偉大的拿破崙的侄兒，他曾經自誇自己雖然國事很忙，可是，他能記住所見過的每一個人

的姓名。

　　他有什麼高招嗎？其實很簡單，假如他沒有聽清楚，他就說：「對不起，我沒有聽清楚。」如果是個不常見到的姓名，他就這麼問：「對不起，請告訴我這名字如何拼？」

　　在與別人談話中，他會不厭其煩的把對方姓名反覆的記憶數次，同時在他腦海中把這人的姓名和他的臉孔、神態、外形連貫起來。如果這人對他是重要的，拿破崙就更費事了。在他獨自一人時，他會把這人的姓名寫在紙上，仔細的看著、記住，然後把紙撕了。這樣一來，他眼睛看到的印象，就跟他聽到的一樣了。

　　這些都很費時間，但愛默生說：「良好的禮貌，是由小的犧牲換來的。」

隨時讓別人感到重要

　　人類本質裡最深層的驅動力就是希望具有重要性。事實上，每個人都希望自己是重要人物。大家願意做所有事情，無論是好事還是壞事，只要能得到自己是重要的感覺。

　　紐約電話公司曾針對電話對話做過一項調查，看在現實生活中哪個字使用率最高，在五百個電話對話中，「我」這個字使用了大約三千九百五十次。這說明，不管你是什麼人，不管你實際狀況如何，在內心中都是非常重視自己的。

美國學識最淵博的哲學家約翰‧杜威說：「人類本質裡最深遠的鞭策力就是希望具有重要性。」每一個人來到世界上都有被重視、被關懷、被肯定的渴望，當你滿足了他的要求後，他就會對你重視的那個方面煥發出巨大的熱情，並成為你的好朋友。

現實生活中有些人之所以會出現交際的障礙，就是因為他們不懂得或者忘記了一個重要原則——讓他人感到自己重要。他們喜歡自我表現，喜歡誇大吹噓自己，一旦事情成功，他們首先表現出的就是自己有多大的功勞，做出了多大貢獻。這樣不就是向他人表明：你們確實不太重要。無形之中，他們傷害了別人，當然最終也不利於己。

在美國的歷史上有一個非常偉大的總統，他就是一位鞋匠的兒子——林肯。在他當選總統的那一刻，整個參議院的議員都感到十分尷尬。因為美國的參議員大部分都出身於名門望族，自認為是上流、優越的人，他們從未料到要面對的總統是一個卑微的鞋匠的兒子。

但是，林肯卻從強大的競爭勢力中脫穎而出，贏得了廣大人民的信賴，這除了他具有卓越的才能外，與他從平民中來，走平民路線，把自己融於廣大百姓之中的平民意識是分不開的。

當林肯站在演講台上時，有人問他有多少財產。人們期待的答案當然是多少萬美元、多少畝田地，然而林肯卻扳著手指這樣回答：

「我有一位妻子和一個兒子，都是無價之寶。此外，租了三間辦公室，室內有一張桌子、三把椅子，牆角還有一個大書架，架上的書值得每人一讀。我本人又高又瘦，臉蛋很長，不會發福。我實在沒有什麼依靠的，唯一可依靠的財產就是你們！」

「唯一可依靠的財產就是你們」，這正是林肯取得民心的最有效的手段。

人類行為有個極為重要的法則，這一法則就是隨時讓別人感到重要。如果我們遵從這一法則，大概不會惹來什麼麻煩，而且可以得到許多友誼和永恆的快樂。但是，如果我們破壞了這個法則，就難免招致麻煩。

有這樣一個小笑話。有一個人請了四位同事到他家裡吃飯，他倒是非常真誠的，擺了一大桌酒菜。三個同事如約而至，只有一位仍不見蹤影，主人在門口急得東張西望，搓手跺腳。一個同事從裡頭跑出來安慰他不要著急。誰知這位老兄隨口甩出一句話：「該來的不來。」旁邊勸他的這位同事一聽，心裡想「這樣說，我豈不是不該來的。」咣當一聲摔門而去。裡頭另一位同事見狀，急忙出來好言相勸。哪知這位老兄又從嘴裡蹦出一句：「唉！不該走的又走了。」本來相勸的同事一聽，立刻怒從心起：「不該走的走了，那意思不就是該走的不走。好吧，別解釋了，我走了。」最後在屋裡等的那位同事急忙出來幫著主人挽留客人。可惜這位老兄口才實在不佳，竟然又冒出一

句:「我根本不是對他們說的。」最後那位客人一聽:「噢,你不是對他們說的,那不就是對我說的嗎?算了,我也不留了,一起走吧!」

這雖是一則笑話,卻深刻的反映了人們渴望被人尊重的心理。

人際社交的一個極為重要的手段是:隨時讓別人感到重要。如果我們遵從這一做人手段,大概不會惹來什麼麻煩,並且可以得到許多友誼和快樂。但如果我們破壞了這一法則,難免後患無窮。

那麼,你怎樣才能使人們覺得他們特殊呢?這裡有一些手段:

(1) 盡可能多使用他們的名字

有人說,人的耳朵最喜歡的聲音是他們自己名字的發音。我想那是真的。這是屬於他們自己的獨一無二的聲音。如果你經常使用它,那意味著你真的關心他們,那會使他們覺得自己是珍貴的。

(2) 聆聽他們

這聽起來很簡單,而它也確實很簡單,如果你認真對待的話。如果你是假裝的,它就是世界上最難的事情。拋開關於自我的想法,聆聽他們對你說的話。

(3) 稱讚並認可是他們的成就

這不必是什麼重大的事情，小事情也可以。你可以說：「有一天我路過你們家花園，你種的花草長得多好啊。」這句話也很有效。或者說：「你的領帶很好看，與這套西裝搭配得很好！」注意到並說出人們的獨特之處能夠使人們覺得與眾不同。

(4) 如果有人等著與你見面，一定要向他們打招呼

千萬不要忽視等著與你見面的人，即使你只會意的看他們一眼，並讓他們知道你很快就會到他們那裡去。這將使他們覺得你很在意他們。

(5) 當有人問你問題的時候，停一會兒再回答

這使他們的問題看起來很重要，因為它意味著你花時間思考他們提出的問題。

(6) 當你在團隊坐的時候，要關心每一個人

要記住，任何團隊實際上都是由單個的、需要被認可和被欣賞的人組成的。當你向一個團隊講話的時候，你要看著每一個人，向他們說話，讓他們知道你覺得他們是重要的。

用「我們」代替「我」

用「我們」代替「我」，可以縮短你和大家的心理距離，促進彼此之間的感情交流。

　　新婚燕爾，新娘對新郎說：「從此以後，就不能說『你的』，『我的』，要說『我們的』。」新郎點頭稱是。一會兒，新娘問新郎：「親愛的，我們今天去哪啊？」新郎說：「去我表姐家。」新娘就不樂意了，糾正說：「是去我們表姐家。」新郎去洗手間，很久了還不出來。新娘問：「親愛的，你在裡面做什麼呢？」新郎答道：「我在刮我們的鬍子。」

　　這雖然只是一則笑話，可是它展現了一個問題，即「我們」這個詞可以造成彼此間的共同意識，拉近雙方的距離，對促進人際關係將會有很大的幫助。

　　我們經常看到記者這樣採訪：「請問我們這項工作……」或者「請問我們廠……」，演講者多使用：「我們，是否應該這樣」、「讓我們……」這種表達方式。事實上，這樣說話往往能使你覺得和對方的距離接近，聽來和緩親切。因為「我們」這個詞，也就是要表現「你也參與其中」的意思，所以會令對方心中產生一種參與意識。

　　人的心理是十分微妙的，同樣是與人交談，但有的說話方式會令對方反感，有的說話方式卻會令對方不由自主的產生妥協之心、親近之情。如演講時說「你們必須深入了解這個問題」，便增加了聽眾與演講者的距離，使得聽眾無法與你產生共鳴。如果改為「我們最好再做更深一層的討論」就會縮短與聽眾之間的距離，使氣氛立刻活躍起來，達到共鳴的效果。因此，若想說服別人，不妨多使用「我們」的表達方式。

人心是很微妙的，同樣是與人交談，有的說話方式會令對方反感，而有的說話方式卻會令對方不由自主的產生妥協之心。

事實上，我們在聽別人說話時，對方說「我」，「我認為」帶給我們的感受，將遠不如他採用「我們」的說話，因為採用「我們」這種說法，可以讓人產生團結意識。

「我」在英文裡是最小的字母，千萬別把它變成你語彙中最大的字。

一次聚會，有位先生在講話的前三分鐘內，一共用了三十六個「我」，他不是說「我」，就是說「我的」，如「我的公司」、「我的花園」等。隨後一位熟人走上前去對他說：「真遺憾，你失去了你的所有員工。」

那個人怔了怔說：「我失去了所有員工？沒有呀，他們都好好的在公司上班呢！」

「哦，難道你的這些員工與公司沒有任何關係嗎？」

享利‧福特二世描述令人厭煩的行為時說：「一個滿嘴『我』的人，一個獨占『我』字、隨時隨地說『我』的人，是一個不受歡迎的人。」

因此，會說話的人，在語言傳播中，總會避開「我」字，而用「我們」開頭。下面的幾點建議可供參考。

(1) 盡量用「我們」代替「我」

很多情況下，你可以用「我們」一詞代替「我」，這可以縮

短你和大家的心理距離，促進彼此之間的感情交流。

例如：「我建議，今天下午……」可以改成：「今天下午，我們……好嗎？」

(2) 這樣說話時應用「我們」開頭

在員工大會上，你想說：「我最近做過一項調查，我發現百分之四十的員工對公司有不滿的情緒，我認為這些不滿情緒……」

如果你將上面這段話的三個「我」字轉化成「我們」，效果就會大不一樣。說「我」有時只能代表你一個人，而說「我們」代表的是公司，代表的是大家，員工們自然容易接受。

(3) 必須用「我」字時，以平緩的語調講

不可避免的要講到「我」時，你要做到語氣平淡，既不把「我」讀成重音，也不把語音拖長。同時，目光不要逼人，表情不要眉飛色舞，神態不要得意洋洋，你要把表述的重點放在事件的客觀敘述上，不要突出做事的「我」，以免使聽的人覺得你自認為高人一等，覺得你在吹噓自己。

心理置換，將心比心

所謂將心比心，就是設身處地為對方著想，幫助對方分析情況，權衡利弊得失，講清利害關係，使其同意你的主張和

觀點。關鍵要抓住根本利害關係以說之，且不說對國家、對社會的利害如何，就是只從個人實實在在的得失考慮，也應該趨吉避凶，以接受你的說服為上策。一個人處在某種利害關係之中，對某個問題看不清，盲目行動，甚至危害自己的利益而不知。只要一經點破，即會恍然大悟，接受勸告，改變原來的主張。說服要設身處地的考慮對方的利益，誠心誠意的替對方著想，然後有的放矢的進行說教，這樣對方才容易被說服。

　　某企業因經營不善要倒閉，工人將面臨失業，不但拿不到遣散費，連欠發的薪資也兌現不了。

　　工人們聚集在主管辦公室的門口抗議，要求主管拿出解決的辦法來，情緒非常激動。

　　主管說：「工廠就在你們眼前，你們都看到了。現在把工廠拍賣，也恐怕沒有人買。就算能賣掉，也換不了幾個錢，如果先還上銀行貸款，大家還是分文拿不到。」

　　怎麼辦？是丟掉雞？把主管綁起來？把廠裡的產品搶回家？把機器、廠房砸爛還是燒掉，讓警察局抓去坐牢？還是冷靜善後處理呢？

　　聰明的主管在一連串的問話後，接著說：「工廠是大家的。人人都是老闆。現在我們組成專案委員會，把工廠按比例分給大家，大家都是股東，都是老闆。少拿點薪水，努力工作，撐幾個月看看。賺了，是大家的。賠了，再關門也不遲。你們想

想，現在把工廠砸了，什麼也拿不到，不如自己當老闆，繼續做做看。」

　　主管在詳細的分析了利害關係後，工人想了想，覺得廠長說得有道理，於是聽從了主管的勸說，紛紛集資入股重新做了起來。大家都把工廠當作自己的事來做，特別賣力，經過一段時間的經營，工廠居然起死回生，轉虧為盈，不但還清債務，工人還分到了紅利。

　　用語言作假設，可達到將心比心的目的；也可用自己的行為，現身說法，讓對方體驗別人的心理，進而對他的言行做出調整，同樣可達到將心比心的目的。

　　某商店有位營業員很會做生意，他的營業額比一般營業員都高，有人問他：「是不是因為能說會道，所以生意興隆？」他回答說：「不是，我的祕密武器是當顧客是自己人。」

　　有一天，某位顧客站在櫃檯前東瞧瞧，西看看，還不時用手摸摸擺在櫃檯上的布料，卻不肯買貨。憑經驗，營業員判斷這位顧客是想買塊布料，於是趕緊迎上前去說：「您是想買這塊料子嗎？這塊料子很不錯，但是您要看仔細，這塊布染色深淺不一，我要是您，就不買這一塊，而買那一塊。」

　　說著，營業員又從櫃檯裡抽出一匹帶隱條的布料，在燈光下展開接著說：「您像是機關裡的幹部，年齡和我差不多，穿這樣料子的衣服會更好些，美觀大方，要論價錢，這種料子比您

剛才看到的那種每米多三元，做一身衣裳才多七元，您仔細看看，認真盤算盤算，哪個合算。」

顧客見這位營業員如此熱情，居然幫自己選布料，挑毛病，於是不再猶豫，買下了營業員推薦的料子。

這位營業員之所以能成功的做成這筆生意，就是因為運用將心比心術。站在買者的立場上替顧客精打細算，現身說法，使對方戒備心理、防禦心理大大降低，而且產生了一致的認同感，故而說服了對手，做成了生意。

將心比心術，是站在對方的角度謀劃和考慮，了解他的心理，了解他的需求，了解他的困難，這種說服方法容易使對方接受，達成統一認識。

顯然，為了說服別人，是需要一定技巧的。其中最重要的是依循一定的步驟。

說服他人應按照什麼樣的程序來進行呢？大致有以下四個步驟：

(1) 吸引對方的注意力

為了讓對方同意自己的觀點，首先應吸引勸說對象將注意力集中到自己設定的話題上。利用「這樣的事，你覺得怎樣？」「這對你來說，是絕對有用的……」之類的話轉移他的注意力，讓他願意並且有興趣往下聽。

(2) 明確表達自己的思想

具體說明你所想表達的話題。比如「如此一來，不就大有改善了嗎？」之類的話，更進一步深入話題，好讓對方能夠充分理解。

明白、清楚的表達能力是成功說服中不可缺少的要素。對方能否輕輕鬆鬆傾聽你的想法與計畫，取決於你如何巧妙運用你的語言技巧。

為了讓你的描述更加生動，少不了要引用一些比喻、舉例來加深聽者的印象。適當現時貼切的引用比喻和實例能使人產生具體的印象；能讓抽象晦澀的道理變得簡單易懂；甚至使你的主題變成更明確或為人熟知的事物。如此一來，就能夠順利的讓對方在腦海裡產生鮮明的印象。

說話速度的快慢、聲音的大小、語調的高低、停頓的長短、口齒的清晰度等等，都不能忽視。除了語言外，你同時也必須以適當的表情、肢體語言來輔助。

(3) 感情深處征服對方

透過你說服對方的內容，了解對方對此話題究竟是否喜好、是否滿足，再順勢動之以情或誘之以利告訴他「倘若遵照我說的去做，絕對省時省錢，美觀大方，又有銷路……」不斷刺激他的欲望，直到他躍躍欲試為止。

說服前必須能夠準確的揣摩出對方的心理，才能夠打動人

心。如：他在想什麼？他慣用的行為模式為何？現在他想要做什麼等。一般而言，人的思維行動都是由意識控制，即使他人和外界如何的建議或強迫，也不見得能使其改變。

想要以口才服人的你，必須意識到說服的主角不是你而是對方。也就是說，說服的目的，是借對方之力為己服務，而非壓倒對方。因此，一定要從感情深處征服對方。

(4) 提示具體做法

在前面的準備工作做好之後，就可以告訴對方該如何付諸行動了。你必須讓對方明瞭，他應該做什麼、做到何種程度最好等等。到了這一步，對方往往就會很痛快的按照你的指示去做。

學會換位思考

善解人意，顧名思義就是很能體諒人，很能體貼人、學會換位思考。

人的善解人意有兩種：其一，什麼也不在意，這是對大眾的，是給大家空間，給自己空氣的明智做法。其二，是對自己在意的人或者事，因為用心，因為在意，而去設身處地的考慮，給別人自由，給自己枷鎖。

和珅是屬於第二種的，他非常「善解高宗（乾隆）意」，並

且常出奇招，從這個角度說，和珅可謂歷史上少有的善解人意的心理大師！

清朝乾隆皇帝十分喜歡吟詩作賦，和珅早年就下功夫收集乾隆的詩作，並對其用典、詩（詞）風、喜用的詞句了解得一清二楚，閒暇時還有所唱和，令乾隆皇帝對和珅另眼相待。而像和珅這樣一個滿人，能在詩賦上有所建樹，確實不容易。清朝大文學家袁枚就曾詩誇和珅曰：「少小溫詩禮，通侯及冠軍。彎弓朱雁落，健筆李摩雲。」

在乾隆的母后去世時，和珅的表現最為出色。他不是像其他皇親國戚、官宦臣下那樣一味的勸皇上節哀，或說一些不關痛癢的話，和珅只是默默的陪著乾隆跪泣落淚，不思寢食，幾天下來人就變得面無血色，形容枯槁。如此能與皇帝同感共情的人，朝中只有和珅一人！因此也深受乾隆皇帝寵信。

還一次乾隆出遊，途中忽命停轎卻不言為何，別人都很著急。和珅聞知後，立即找到一個瓦盆遞進轎中，結果甚合上意，溺畢繼續起駕。一路上，人們都佩服和珅腦子靈，取悅龍心有術。另據史書：「高宗（指乾隆）若有咳唾，和珅以溺器進之。」乾隆是一個非常詼諧的人，喜歡與臣下開玩笑。據此，和珅經常和乾隆講一些市井的俚語笑話，令皇帝龍心大悅，這不是一般軍機大臣所能做到的。

凡此種種，都是和珅的過人之處。他對乾隆皇帝的脾氣、

愛好、生活習慣、思考方法瞭若指掌，可以充分做到想乾隆之所想，為乾隆之所為，這與一般的曲意迎奉、阿諛獻媚有所不同，和珅的許多迎奉行為都具有深厚的同感基礎，都是將心比心的結果，因而沒有那麼的低俗和赤裸裸，而是相當的匠心巧具。

和珅之善解上意，實達九段高手之境界！而晚年的乾隆，最欣賞和珅的一點就是他「巧於迎合，而工於顯勤」這一點。

俗話說，「善心即天堂」。只有懷抱善心的人，才能愛人，欣賞人，寬容人。他們深知，人字的結構是互相支撐，懂得相互接納、相互合作、相互融洽。尊重他人的優勢和才華，也寬容他人的脾氣和個性。對別人，完全是欣賞他美好的地方，而不去計較他的缺點，或者說與自己不合拍的地方。不能理解的時候，就試著去諒解；不能諒解，就平靜的去接受。有人說：「人生最可貴的當下便在那一撒手。」而善解人意者就很具有這種「放人一馬」的涵養功夫。

而缺少善心者，其「責人也重以周」，既很少去看他人的優勢和才華，更不願寬容他人的脾氣和個性，卻更多的去尋找他人的缺點和不足，對他人的理解很難，諒解更不易做到，他怎麼會善解人意？

遠在一九一五年的時候，小洛克菲勒還是科羅拉多州一個不起眼的人物。當時，發生了美國工業史上最激烈的罷工，並

且持續達兩年之久。憤怒的礦工要求科羅拉多燃料鋼鐵公司提高薪水，小洛克菲勒正好負責管理這家公司。由於群情激憤，公司的財產遭受破壞，軍隊前來鎮壓，因而造成流血，不少罷工工人被射殺。

那樣的情況，可說是民怨沸騰。小洛克菲勒後來卻贏得了罷工者的信服，他是怎麼做到的？

小洛克菲勒花了好幾個星期結交朋友，並向罷工者代表發表談話。那次的談話可稱之不朽，它不但平息了眾怒，還為他自己贏得了不少讚賞。演說的內容是這樣的：

這是我一生當中最值得紀念的日子，因為這是我第一次有幸能和這家大公司的員工代表見面，還有公司行政人員和管理人員。我可以告訴你們，我很高興站在這裡，有生之年都不會忘記這次聚會。假如這次聚會提早兩個星期舉行，那麼對你們來說，我只是個陌生人，我也只認得少數幾張臉孔。由於上個星期以來，我有機會拜訪整個附近南區礦場的營地，私下和大部分代表交談過。我拜訪過你們的家庭，與你們的家人見面，因而現在我不算是陌生人，可以說是朋友了。基於這份互助的友誼，我很高興有這個機會和大家討論我們的共同利益。

由於這個會議是由資方和勞工代表所組成，承蒙你們的好意，我得以坐在這裡。雖然我並非股東或勞工，但我深感與你們關係密切。從某種意義上說，也代表了資方和勞工。

多麼出色的一番演講，這可能是化敵為友的一種最佳的藝術表現形式。假如小洛克菲勒採用的是另一種方法，與礦工們爭得面紅耳赤，用不堪入耳的話罵他們，或用話暗示錯在他們，用各種理由證明礦工的不是，你想結果如何？只會招惹更多的怨憤的暴行。

人生在世，與人為伍，許多人常嘆善解我者難求。那麼，你就學著去善解他人吧。在你善解他人時，他人也將善解你。

善解人意，還在善於體察他人的心境，給人以及時雨一樣的幫助，讓溫馨、祥和、慰藉來濃化人生，溝通心靈。比如：對窘迫的人講一句解圍的話，對頹喪的人講一句鼓勵的話，對迷途的人講一句提醒的話，對自卑的人講一句振作的話，對苦痛的人講一句安慰的話……這些非物質化的精神興奮劑，既不要花什麼金錢，也不要耗多少精力，而對需要幫助的人來說，又何啻於旱天的甘霖，雪中的炭火？

送禮送到心坎裡

「禮」的文化源遠流長，即使在今天，禮尚往來，也是人際社交的一項重要內容，在那或輕或重，或多或少的禮物中，我們既可以體會到人情締結的溫馨，又可以享受友好往來的歡樂。但是，有時也會因為方法不當，時機不對，禮品不妥而事與願違，反而人情未結，芥蒂又生，真是賠了夫人又折兵，有

些划不來。

送禮給那些對你來說有直接利害關係的人，怎麼個送法，或什麼時候送去，這裡面大有學問。

一次，孫力開車去看朋友，心想離開朋友家的時候再把禮物從車上拿下來。於是，他空著兩手就進了朋友的家，大家寒暄一番，時近中午，朋友沒有留他的意思。孫力起身告辭，說：「我買了一些東西，放在車上，我去拿下來。」朋友一聽，馬上說：「今天中午怎麼能走呢？就留在我這裡了。」朋友的妻子也立刻轉身去了廚房準備。

那次以後，孫力算明白了一個道理，拜訪朋友，採用兵馬未到，糧草先行的策略，先把禮物一放，不管是大是小，是多是少，只要有禮在，保證做事一路通行。

在別人給你幫過忙之後，再將禮物送去，對方一定會認為你這樣做是理所當然的。如果你從未拜託人家幫忙，並將禮物煞有介事的送去，受禮者的想法就會大不一樣。他肯定會記著你，一旦有事相求就會竭盡全力幫你。

禮要送在用不著朋友的時候，才能盡顯威力。送禮要送在平時，要知道，好的人際關係才是求人成功的基礎。

「無事不登三寶殿」，當你有事的時候，才想起某某朋友可幫上忙，往往會犯大禮不解近憂的錯誤。即使你想提上大包小包的東西，人家也未必會給你這個方便。朋友維繫關係，功在

平時，這樣，朋友之間才可能有求必應。常常有這樣的說法：「你瞧這人，用得著的時候才想起我。」說的就是平時不送禮，有事求人了再去送禮。

有一個經理，退休前，每到年底，禮物、賀卡就像雪片一般飛來。可是退休以後，往年訪客不斷，這時卻寥寥無幾了，更沒有人給他送禮了。正在他心情寂寞的時候，以前的一位下屬帶著禮物來看他，在他任職期間，並不很重視這位職員，可是來拜訪的竟是這個人，不覺使他感動得熱淚盈眶。過了兩三年，這位經理被原來的公司聘為顧問，當然很自然的重用提拔這個職員。因為他在經理失勢的時候登門拜訪送上了自己的禮物和心意，因此，在經理心中留下了很深刻的印象。同時，讓他產生了「有朝一日，一旦有機會，我一定得好好回報他的想法。」

常言說得好，「情願雪中送炭，不要錦上添花」，意思是說當別人處於困境當中，你伸出援助之手，不啻於冰雪天給飢寒交迫的人送去一簍炭，及時而又必須，會使受禮人終身難忘。而如果別人什麼都不缺，你送的東西，其有效價值就要大打折扣了。

送禮之所以稱為藝術，關鍵是一個「送」字。這是整個禮物饋贈的最後一環，送得好，方法得當，會皆大歡喜，境界全出。送得不好，受禮者不願接受，或嚴詞拒絕，或婉言推卻，或事後退回，都令送禮者十分尷尬。所以，只有巧妙掌握送禮

的技巧，才能把整個送禮過程劃上一個漂亮的句號。

清朝中堂大人李鴻章夫人五十歲生辰快到了，滿朝文武大臣忙得不亦樂乎，都準備前往祝壽。消息傳到合肥知縣那裡，知縣也想前去送禮，因為李鴻章是合肥人，又是朝中寵臣。可是細一想，知縣又煩惱了：我這七品芝麻官能送多少禮？少了，等於不送；多了，又送不起。想來想去拿不定主意，於是請來師爺商量。師爺說：「這事容易，一兩銀子也不用，還保你的禮品最為注目，保證中堂大人喜歡，列於他人禮品之上。」

知縣聽說一兩銀子也不用了，自然高興，可想天下哪有這般好事，便問：「送什麼東西」？

師爺回答：「也就是一幅普通的壽聯。」

知縣聽完直搖頭，表示難以相信，師爺連忙說：「不要懷疑，送禮之後，包你從此飛黃騰達，不過這壽聯必須由我來寫，你親自送上，請中堂大人過目，不能疏忽。」知縣滿口答應。

第二天知縣帶著師爺寫好的壽聯上了路。他晝夜兼程趕到京城。等著祝壽之日，他通報姓名來到李鴻章面前，朝他一跪說：「卑職合肥知縣，受人之託，前來給夫人祝壽！」

李鴻章隨口應了一聲叫他站起來，知縣忙拿出壽聯，將上聯先打開，李鴻章一看是：「三月庚辰之前五十大壽」。

李鴻章心想：夫人二月過生日，他寫了「三月庚辰之前」，

還算聰明。正想著，知縣又「嘩啦」一聲打開了下聯，李鴻章一見，忙雙膝跪地。原來下聯寫著：「兩宮太后以下一品夫人」。

李鴻章見「兩宮」字樣，不由得跪了下來，「兩宮」是指當時的慈安、慈禧。於是他命家人擺香案，將此聯掛在《麻姑上壽圖》兩邊。

這副壽聯，深得李鴻章的賞識。這位知縣自然也因此而官運亨通，飛黃騰達了。

一件付出你大量心血、閃爍你誠心的禮品，會使人發生意外的感激之情，其效果即使是最昂貴的珠寶也無法比擬。

送禮送到心坎裡，說到底也就是對症下藥，在堅持原則的前提下投其所好。正如送禮，要送得合適，其中一條重要的原則就是要對方喜歡。重人情的社會，很多事情靠公事公辦往往辦不成。因此，溝通就成了做事的必要環節，要想有個良好的溝通就應該有所行動，而送禮就是這種行動的最佳表現。同樣的做事，有的人送禮就能把事情辦成，有的人送禮就沒有什麼效果。可見，送禮也是一個學問。

引起共鳴，拉近心理距離

與人相處，要談得有味，談得投機，談得其樂融融，雙方必須確立共同感興趣的話題。有人認為，素昧平生，初次見面，何來共同感興趣的話題？其實不然。生活在同一時代，同

一地區，只要善於尋找，何愁沒有共同語言？一位小學教師和一名泥瓦匠，兩者似乎沒有投機之處。但是，如果這個泥瓦匠是一位小學生的家長，那麼，兩者可就如何教育孩子各抒己見，交流看法；如果這個小學教師正要蓋房或修房，那麼，兩者可就如何購買建築材料、選擇修造方案溝通資訊、切磋探討。只要雙方留意、試探，就不難發現彼此有對某一問題的相同觀點、某一方面共同的興趣愛好、某一類大家關心的事情。有些人在初識者面前感到拘謹難堪，只是沒有發掘共同感興趣的話題而已。

人常說見什麼人說什麼話。社會上的各種人，具有不同的年齡、性別、性格、脾氣等等，他們各有不同的概念。各人所處的地位不同，對同一事物的理解是有差異的，做人的分寸也就要根據各種人的地位、身分、文化程度、語言習慣來做不同的處理。這就是「對症下藥，激發共鳴」，可以為行世打下良好的基礎。

我們設想一下，假如你坐在火車上，已經坐了很久了，而前面還有很長很長的路程。你想與他人講講話，卻不知如何開口，這時，你就要盡力使你的談話裡顯得趣味十足。

坐在你旁邊的一位是一個很沒趣的人，而你非常想和他聊天解悶，於是你便搭訕道：「對不起打擾了，你有打火機嗎？」

可是他一句話也不講，只是點點頭，從口袋裡掏出了打火

機遞給你。你點了一支菸，在還給他打火機時說了聲「謝謝」，他又點了點頭，然後把打火機放進了口袋裡。

你繼續說：「真是一條漫長的旅程，你是否也有這種感覺？」

「是的，很漫長。」

他同意著，而且語調中包含著不耐煩的意味。

「若看看一路上的高山，倒會使人高興起來。再過一兩個月去爬山，那一定更有趣。」

「唔，唔！」他含糊的答應著。

他顯然對這個話題不感興趣。這時你再也沒有勇氣說下去了。

假若一個話題對他富有興趣，那麼無論他是如何沉默的一個人，他也會發表一些言論的。因此你在談話的停滯之中，思考了一番後，又重新開始了。

「剛才車上放的歌曲真動聽，」你說，「台北將要舉辦一次別開生面的演唱會。聽說是蔡依林個人演唱會！」

坐在你身旁的那位乘客坐起來了。

「你覺得蔡依林的歌唱得怎麼樣？」他問。

你回答：「唱得很好，我很喜歡聽。」

「你喜歡聽她的哪首歌？」他急著問。

由此可見，他的確是個文藝愛好者，並對蔡依林敬慕非常。於是你可以說：「我很喜歡聽她演唱的歌曲。她不僅歌唱得好，人也好！」

這位乘客聽了這話便興高采烈，滔滔不絕的談了起來。

毫無疑問，與素不相識的陌生人見面，雙方免不了都要存有警戒心甚至敵意。這種心理狀態會毫不留情的束縛住雙方。人際社交中，尤其是初次交往，盡量讓對方放鬆心情，消除他本身的心理障礙，是首先要解決的問題。「酒逢知己千杯少，話不投機半句多」。在初交時，如果不能打開對方的心扉，一切努力都會變成泡影。要衝破對方的「警戒」線，只有讓對方感覺到你是可以信任的。那麼，怎麼才能讓對方信任你，也就是說怎樣把你對對方的尊重和信任的態度傳達給他呢？

基本的手段便是以同情共感的態度來了解對方的煩惱與要求。這就是心理學中所說的「共鳴」，也叫「移情」。

一個陌生人在你面前並不可怕，可怕的是你不能與他交談。你只要主動、熱情的透過話語，同他們聊天，努力探尋與他們交談的共同點，贏得對方的好感，這樣就能拉近你們之間的距離。

人與人之間交往，是從交談開始的，交談是交朋友、拉近距離、在思想上溝通的有效手段。許多事就是在不經意的交談中找到雙方的共同點，在思想上和心理上產生一種共鳴，達成

一種共識，從而獲得別人的認同。交談是交流、引發共鳴、交上朋友的最好方法。

抓住主管的心理進行交談

在同主管談話時，要想把話說到點子上，必須要抓住對方的心理。如果不知對方心理所想所需，是無法說到點子上的。就像一個神槍手，如果蒙上他的眼睛，再讓他去找一個目標，那麼，他只能憑感覺去打，這是難以擊中目標的。

同樣推銷一種東西，一個有所收穫，另一個卻兩手空空。原因何在呢？原因就在說話技巧上。普通人只是泛泛一說，平平淡淡，不明不白，給人們以產品賣出去與否無所謂的感覺，他只能空手而回。有用心的人，他先以詢問的方式探買方的底細，同時用弦外之音表明自己業務的熟練，引起買方對他的重視。

能人動動嘴，說的話恰到好處，充滿真誠，感動了人心。而有些人跑來跑去，卻總跑不到重點上，結果白出力流汗，事情也沒成功。

有時候，人在最軟弱、最需要安慰時，幾句貼心的話，會使彼此的感情融洽，日後請人幫忙時，可以少些曲折。

李林在學校裡面和教務處主任關係不是多親密。有一次主任由於胃出血住院急診。李林聽到後便買了一些營養品，去醫

院看望主任。

　　看著病床上躺著的主任，李林誠懇的對其夫人說：「您的孩子在外地上大學不能回來，而您又這麼大年紀，像這樣日夜照看，身體怕支撐不下來。我年輕力壯，身體又好。如果您需要我來替您照看一下主任的話，您儘管說，不要太客氣了，再說現在也不是講客氣的時候。」幾句掏心的話一說，立即把他和主任的關係拉近了許多。這以後，主任對李林的態度特別熱絡，老遠見到李林就打招呼，工作上也特照顧。

　　而事情也巧，主任出院後的一週，由於學校裡要選一個年輕人出國深造，然後回校再執教，挑起學校的重擔。這件事經過千挑萬選，最後確定在李林和張鍵之間產生，而大權卻握在主任手裡。

　　張鍵平時和主任關係不是多深，此刻為了能得到這次機會，對主任的態度來了個一百八十度的大轉彎。平時端茶送水，休息時便拎著禮物去和主任溝通一下感情。真是「平時不燒香，臨時抱佛腳」。對這種人神佛是看不慣的，人也如此。

　　結果是學校派了李林出外深造，張鍵失去了機會。李林學成回校後，大膽革新，得到主管器重，一路平步青雲。

　　這就是口才的功效。一副好口才，只是讓說話的人張一下嘴，便取得成功。相反，沒有它，你就是跑斷雙腿，也不會有收穫。

想必李林當初也沒想到，去醫院探望主任時說那一番話會產生這麼大的效果。但事實卻向他證明了他行動的正確性。少些功利性，多以平常人的心來為別人想想。「設身處地，由己類人」，這正是人際社交中的原則。

在和主管溝通時，懂得如何說話、說些什麼話、怎麼把話說到心坎上，都是很重要的。

小肖大學畢業以後找工作，有一次，他在一家報紙的廣告裡看到某公司徵聘一位具有特殊才能和經驗的專業人員。小肖沒有盲目的去應聘，而是花費很多精力，廣泛收集該公司經理的有關資訊，詳細了解這位經理的奮鬥史。那天見面之後，小肖這樣開口：

「我很願意到貴公司工作，覺得能在您手下做事，是我最大的光榮。因為您是一位依靠奮鬥取得事業成功的人物。我知道您八年前創辦公司時，只有一張桌子、一位職員和一部電話機，經過您的艱苦奮鬥，才有了今天的大業。您這種精神令我欽佩。我正是對這種精神才前來接受您的面試。」

所有事業有成的人，大多都樂於回憶當年奮鬥的經歷，這位經理也不例外。小肖一下子就抓住了經理的心理，這番話引起了經理的共鳴。因此，經理先生乘興談論起他自己的成功經歷。小肖始終在旁洗耳恭聽，以點頭來表示欽佩。最後，經理向小肖很簡單的問了一些情況，終於拍板：「你就是我們所需要

的人。」

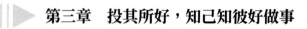

第三章　投其所好，知己知彼好做事

第四章
做事要講究分寸

「世事洞明皆學問，人情練達即文章。」可見，不管是與
人說話、與人交往、與人做事，都蘊含著分寸的玄機。
說話做事是要講究尺度分寸的。說話的尺度和做事的分
寸類似於一匹寶馬，駕馭好了可以日行千里，幫你衝鋒
陷陣；駕馭不好，就可能讓你摔跟頭，甚至踢傷別人。

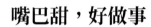

嘴巴甜，好做事

　　在日常生活和工作中我們常常會有求於人，或求人做事，或求人給自己提供方便、機會或具體的東西等等。

　　「求」有多種多樣的方式，其中很大一部分需要口頭提出。大凡有求於人者，總希望被求者樂意答應自己的請求。既然是這樣，提出請求時也就得講究一些技巧。我們不難發現，同樣的「求」，不同的人用不同的方法表達出來，所得到的結果往往不一樣。

　　所以，在求人時，從以下幾方面入手可以帶來很大的幫助。

（1）替對方著想

　　有求於人時，還要替對方想一想，你提出的請求將會給對方造成哪些壓力，可能存在哪些困難。這些難處，你說出來比由他本人說出來要好得多。「我知道這件事會給您添許多麻煩，但我沒有別的門路，只能拜託您了。」這樣說，較易使對方樂於為你做事。

（2）禮貌不可少

　　請別人幫忙時，措辭一定要講究禮貌，以表露出對別人的尊重。比如：「麻煩，請您讓一讓好嗎？」「打擾您一下，您能告訴我到某某地方該怎麼走嗎？」如果用生硬的口吻提出要求，肯定會招致對方的反感，即使對方礙於情面不好拒絕，但內心

肯定不快，甚至可能心生怨恨。

(3) 充滿自信

有求於人時，要充滿自信，才能說服對方。為了使我們所說的話具有說服力，切不可疑懼，應該滿心歡喜的盼望，並充滿自信。

(4) 謙遜禮貌

透過抬高對方、貶低自己的方法把有關請求等表達出來，顯得彬彬有禮、十分恭敬。例如：「您就不要推辭了，弟子們都在恭候著呢！」

請求別人幫助，最為傳統有效的做法是盡量表示虔誠，使人家感到備受尊重，樂於從命。有時做事要先把問題的難度說出來，讓人覺得你是不得已而為之，明知自己知道不該說但還得說。例如：「真不該在這時候打攪您，但是實在沒有辦法，只好麻煩您一下。」「我知道你手頭也不寬裕，不過實在沒辦法，只好向你借一借。」

(5) 語氣肯定

每個人的自尊心都很強，很容易因為某些微不足道的事而使自尊心受損。如此一來，會反射性的表現出拒絕的態度。所以要對方聽你說話，首先得先傾聽對方要表達些什麼。所謂「說話語氣肯定」並不是指肯定對方說話的內容，而是指留心對方容易受傷害的感受。

如果我們無法在內容上贊成對方的想法，我們可以告訴對方：「你所說的，事實上我本身也曾考慮過。」然後再問對方：「那你對這件事有何看法呢？」將判斷的決定權交給對方。這並不是單純的保護對方的高度自尊心，也是了解自己並不完美的人的謙虛表現，以這種形式可以獲得對方的認同。

（6）給對方以承諾

即在求助時許以互利的承諾，讓對方覺得他的付出值得。求人時，別忘了表示願意給對方某種回報或將牢記對方所提供的好處，即使不能馬上回報對方，也一定會在對方用得著自己的時候鼎力相助。配以「互利」的承諾，讓對方覺得他的付出值得，同時也會對求助者多一份好感。

（7）逼入「絕境」，讓對方無路可退

事先設計好交談的語勢，堵住對方的退路，使對方誠懇的接受你的請求。

有一次，某校針對學生流失嚴重的現象，計畫召開家長會。教務主任找到了校長，說：「我現在把工作向您彙報一下……其中我校一個最突出的問題就是學生流失嚴重，這勢必會帶來不良影響。」校長接著說：「是啊，這個問題不可忽視，應該要重視。」主任就趁勢說：「所以，我們打算馬上召開家長會，請您在會上指示。」說完，校長考慮片刻，便欣然答應了。後來，據校長講，他本來已經有約在先，只是這事他不便推

辭，只得捨彼求此。

(8) 真誠的「捧」對方。

所謂「真誠的捧」在這裡是指恰到好處、實事求是的稱讚所求的人，並不是那種漫無邊際、令人肉麻的吹捧。求人時，說點對方樂意聽的話，尤其就與所求之事有關的方面順便稱讚對方，也不失為一種巧妙求人的辦法。

在做事過程中，只需要那麼一點小小的藝術，能說會道、打動人心的藝術。生活中，我們需要求人，需要說服人，需要維繫人與人之間融洽的關係。有些人不會說話，結果總讓自己活在進退不能自如的緊張和壓迫之中，每天氣喘吁吁，驚懼不安。有些人懂得說話的藝術，有一張好嘴巴，如果他們本來平庸，這張好嘴巴就能讓他們出類拔萃，如果他們本來優秀，這張好嘴巴會令他們更加錦上添花。

「高帽」要規格得當

人人都需要一頂「高帽」，但並不是所有的「高帽」都是一種形式。只有既好看又不會被風刮倒的「高帽」，才能有市場。

在現實的交往中，大凡向別人敬獻詔媚之詞的人，總是抱著一定的投機心理，他們自信不足而自卑有餘，無法透過名正言順的方式博取對方的賞識，表現自己的能力，達到自己的目標，只好採取一種不花力氣又有效果的途徑 —— 詔媚。

　　誰知，恭維別人也並不是一件輕而易舉的事。所謂的「拍馬屁」、「阿諛」、「諂媚」，都是技藝拙劣的「高帽工廠」加工的「偽劣產品」，因為它們不符合讚美和恭維的標準。

　　運用「多送高帽子」的辦法不是沒有風險的：送的時機對不對？「帽子」大小合不合適？等等，都可能導致無法預料的後果。常言說，伴君如伴虎。晚唐時，沙陀部落酋長李克用，出生時即瞎了一隻眼睛，他生性殘酷，人稱「獨眼龍」。一天，他叫一位名叫孫源的畫家替他畫一幅肖像。畫家想了想，畫成一幅右臂執弓，左手撚箭，歪著頭，閉著一隻眼，好像正在檢查箭桿彎直的樣子。這張畫一則表現了他威武的神情，二則掩蓋了他一隻瞎眼的缺陷。由此可見，送高帽者必須學會動腦筋，必須有應變之才。只有這種人才能把「多送高帽子」的計策發揮得淋漓盡致。

　　有人認為送高帽子不嫌多，但厚黑學家李宗吾認為這只說對了一半。這樣做是在進行一種人情鋪墊，在為說話做事埋設伏筆，所以說才可能「終得馬騎」。但是使用這一計策還有一情況需要特別注意，即在關鍵時刻對症下藥的送上一頂規格得當的「高帽子」，可以獲得立竿見影的效果。

　　唐貞觀八年劍南道巡查大使李大亮出巡，發現一個叫李義府的人才學出眾。於是舉薦其才，對策中第，補為門下典儀，由此，李義府便僑身於朝廷。在此期間，又得到黃門侍郎劉洎和侍御史馬周的賞識，此二人又合力向唐太宗舉薦。唐太宗召

見他，令他當場以「詠鳥」為題，賦詩一首。李義府脫口吟道：
「日裡揚朝彩，琴中聞夜啼。上林如許樹，不借一枝棲。」

　　李義府的詠鳥濤充分流露出他想做朝官的急切心情。唐太宗聽後頗愛其才，便說：「與卿全樹，何止一枝！」授予他監察御史，並侍晉王李治。晉王立為太子，他又被授予太子舍人。因其文翰不凡，與太子司儀郎來濟被時人並稱為「來、李」。李義府曾寫《承華箴》上獻，文中規勸太子「勿輕小善，積小而名自聞。勿輕微行，累微而身自正。」還說：「佞諛有類，邪巧多方，其萌不絕，其害必彰。」

　　看來，李義府正是一個厚黑大師，自己本就是一個佞邪之輩，卻能大義凜然的發表一篇宏論，這正是在自己的「黑心」上蒙——層仁義道德的做法。太子將此箴上奏，太宗很欣賞，下詔賜予李義府帛四十匹，並令其參與撰寫《晉書》。其實這是一種最高明的「捧」，因為這裡隱藏著這樣一種邏輯，我是一個正人君子，主子非常敬重我這樣的正人君子，那麼，你的德行修養自然也很高了。

　　太子李治繼帝位，李義府升為中書舍人。後兼修國史，加弘文館學士。李義府的青雲直上，頗引起朝臣們的注意，特別是他由劉洎、馬周引薦而來，又與許敬宗等相連結，虛美引惡，曲意逢迎，長孫無忌奏請高宗貶他到壁州做司馬。詔令尚未下達，李義府已有所聞，急忙向中書舍人王德儉問計。王德儉是許敬宗的外甥，其貌不揚，詭計多端，善揣人意。他向李

義府獻計說：「武昭儀方有寵，上欲立為後，畏宰相議，未有以發之。君能建白，轉禍於福也。」於是，李義府馬上行動，當王德儉在中書省值宿時，李義府代替王德儉值夜，立即上表高宗，謊稱立武昭儀為皇后是眾望所歸，請廢王皇后，立武昭儀為後，高宗聞後正合心意，馬上召見了李義府，不僅賜給他寶珠一鬥，還將原來貶斥到壁州的詔令停止不發，留居原職。武昭儀也祕密派人向他表示感謝。不久，李義府與許敬宗、崔義玄、袁公輸等人結為武昭儀的心腹。是年七月，李義府又超升為中書侍郎；十月，王皇后廢為庶人，立武昭儀為皇后，十一月，李義府又自中書侍郎拜為中書門下三品，監修國史，並賜爵廣平縣男。

向皇上奏報「立武昭儀為皇后是眾望所歸」，這頂「高帽於」送的正是時候，真是一條妙計得逞，立即青雲在上。

「高帽」儘管好，可尺寸也得合乎規格才行。濫做「過重」的「高帽」是不明智的。讚美招致榮譽心，榮譽心產生滿足感，當人們發現你言過其實時，就會感覺受到了愚弄。所以寧可不去恭維，也不要誇大無邊。

過度粗淺的溢美之詞會毀壞你的名聲，降低你的品味。不論用傳統交際的眼光看，還是用現代交際的眼光看，阿諛諂媚都是一種卑鄙的行為。正人君子鄙棄它，小人之輩也不便明火執仗應用它，即使「拍馬行家」或「馬屁精」也會對這種行為嗤之以鼻。孔老夫子有話：「巧言令色鮮矣仁。」可見，阿諛諂媚

者，無仁無義、俗不可耐。

如何做好「高帽」呢？

恭維話要有坦誠得體的態度，而且要對著對方得意之事發飆。

人總是喜歡奉承的，即使明知對方講的是奉承話，心中還是免不了會沾沾自喜，這是人性的弱點。換句話說，一個人受到別人的誇讚，絕不會覺得厭惡，除非對方說得太離譜了。

奉承別人首要的條件，是要有一份誠摯的心及認真的態度。言辭會反映一個人的心理，因而輕率的說話態度，很容易被對方識破，而產生不快的感覺。

恭維話不是廉價的商品可以隨時隨地亂扔，因為人們對一些廉價的東西是不會放在心上的。

對於不了解的人，最好先不要深談。要等你找出他喜歡的是哪一種讚美，才可進一步交談。更重要的是，不要隨便恭維別人，有的人根本不吃這一套。

「高帽」就是美麗的謊言，你一定要做到以下三點：

要讓人樂於相信和接受。這就不能把傻孩子說成是天才，那樣會讓人感到離譜；

要美麗高雅。不能俗不可耐、低三下四，那樣會糟蹋自己，也讓別人倒胃口；

不可過白過濫，毫無特點，讓人一眼識破。

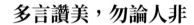

多言讚美，勿論人非

　　愛美之心人皆有之，每個人都具有不同的個性，也都具有不同的優缺點，每個人都在乎外界對自己的肯定和讚美。抓住每個人的個性，讚美他們的優點，是協調人際關係的有效手段之一。真誠的讚美，會使你獲得良好的人際關係，會讓你感到其樂融融。

　　有一位工程師史先生，他想要降低房租，可是他知道他的房東是相當頑固的，他說：「我寫信給房東，告稱在租約期滿後，準備遷出，實際上我並不想遷居，只希望能減低租金，但依情勢來看，不會有太大希望，因為許多的房客都失敗過，那房東是難以應付的，不過我正在學習如何待人的技術，因此我決定試驗一下，房東收到我的信後，沒幾天就來看我，我在門口很客氣的迎接他，我充滿了和善和熱誠，我沒有開口就提及房租太高，我開始談論我是如何的喜歡他這房子，我做的是『誠於嘉許寬於稱道』。我恭維他管理房舍的方法，並告訴他很願意繼續住下去，但是限於經濟能力不能負擔。」

　　「顯然，他從未接受過房客如此的肯定和款待，他幾乎不知如何是好，於是他開始向我吐露，他也有他的困難，有一位抱怨的房客，曾寫過十多封信給他，簡直是在侮辱他，更有人曾指責，假如房東不能增加設備，他就要取消租約。」

　　「臨走時他告訴我：『你是一個爽快的人，我樂於有你這樣

一位房客。』沒有經過我的請求，他便自動減低了一點租金，我希望再減一點，於是我提出了我的數目，於是他便毫無難色的答應了。當他離開時，還問我：『有什麼需要替你裝修的嗎？』」

「假如我用了別的房客的方法去減低租金，一定會遭遇他們同樣的失敗，可是我用了友善、同情、欣賞、讚美的方法，使我獲得了勝利。」

當然，讚美別人要真心，要恰如其分，不要言過其實，說得天花亂墜，過了頭的就不是讚美，而是「拍馬屁」了。因人、因時、因地、因場合適當的讚美人，是對別人的鼓勵和鞭策。年輕人愛聽風華正茂、有風度的讚美；中年人愛聽幽默風趣、成熟穩健的讚美；老年人愛聽經驗豐富、老當益壯、德高望重的讚美；女性愛聽年輕漂亮、衣服合身、身材好的讚美；孩子愛聽活潑可愛、聰明伶俐的讚美；病人愛聽病情見好、精神不錯的讚美。

取人之長補己之短，抬著頭看別人，你就會越走越高。反之總覺得別人不如自己，高高在上，低著頭看別人你就會越走越低。善於發現別人的長處，還必須善於讚美，讚美別人的同時，你的心靈得到淨化，你就會發現世界無限美好，人間無限溫暖。

讚美有時也無須刻意修飾，只要源於生活，發自內心，真情流露，就會收到讚美之效。但要更好的發揮讚美的效果，也

需要注意以下幾個要點。

(1) 實事求是，措辭恰當

當你準備讚美別人時，首先要掂量一下，這種讚美，對方聽了是否相信，第三者聽了是否不以為然，一旦出現異議，你有無足夠的理由證明自己的讚美是有根據的。

一位老師讚美學生們：「你們都是好孩子，活潑、可愛、學習認真，做你們的老師，我很高興。」這話很有分寸，使學生們既努力學習，又不會驕傲。但如果這位老師說：「你們都很聰明，將來會成為世界偉人，比其他班級的同學強太多了。」效果就大不一樣了。

(2) 讚美要具體、深入、細緻

抽象的東西往往不具體，難以給人留下深刻印象。如果稱讚一個初次見面的人「你給我們的感覺真好」，那麼這句話一點作用都沒有，說完便過去了，不能給人留下任何印象。但是，倘若你稱讚一個好推銷員：「小王這個人為人做事的原則和態度非常難得，無論給他多少貨，只要他肯接，就絕對不用你費心。」那麼由於你挖掘了對方不太明顯的優點，給予讚美，增加了對方的價值感，因此讚美起的作用會很大。

(3) 熱情洋溢

漫不經心的對對方說上一千句讚美的話，也等於白說。缺乏熱情的空洞的稱讚，並不能使對方高興，有時還可能由於你

的敷衍而引起對方的反感和不滿。

(4) 讚美多用於鼓勵

鼓勵能讓人樹立起自信心。自信是成功的一半,用讚美來鼓勵對方,能達到事半功倍的效果,尤其在「第一次」。無論任何人做任何事情,都有第一次的時候,如果對方第一次做得不好,你應該真誠的讚美一番:「第一次有這樣的表現已經很不容易了!」別人會因為你的讚美而樹立信心,下次自然會做得更好。

對別人的讚美要客觀、有尺度、出於真心,而不是阿諛奉承、刻意恭維討好,這樣做會適得其反,會引起別人反感。讚美之辭既是對別人成績的肯定,使聽者感受到自己存在的價值,激發他人努力去做出更大的成就,與此同時自己也能獲得無限的快樂。而扼殺人與人之間最為寶貴的真誠乃是妒忌,見不得別人比自己有地位、有成就,見不得別人比自己有錢。這樣的心態,是無法說出真誠的讚美之詞的。說出真誠、由衷的讚美是需要雅量的。

得饒人處且饒人

古人云:冤冤相報何時了,得饒人處且饒人。這是一種寬容,一種博大的胸懷,一種不拘小節的瀟灑,一種偉大的仁慈。為人處世,當以寬大為懷。生活在相互寬容的環境中,是

人生的幸福，會使你忘卻煩惱，忘卻痛苦。

不給別人留台階，最後自己也會沒有台階可下。所以，做人要得饒人處且饒人，給人留個台階，也是給你自己留條退路。

人不講理，是一個缺點；人硬講理，是一個盲點。理直氣「和」遠比理直氣「壯」更能說服和改變他人。

一位高僧受邀參加素宴，席間，發現在滿桌精緻的素食中，有一盤菜裡竟然有一塊豬肉，高僧的隨從徒弟故意用筷子把肉翻出來，打算讓主人看到，沒想到高僧卻立刻用自己的筷子把肉掩蓋起來。一會兒，徒弟又把豬肉翻出來，高僧再度把肉遮蓋起來，並在徒弟的耳畔輕聲說：「如果你再把肉翻出來，我就把它吃掉！」徒弟聽到後再也不敢把肉翻出來了。

宴後高僧辭別了主人。歸途中，徒弟不解的問：「師傅，剛才那廚子明明知道我們不吃葷的，為什麼把豬肉放到素菜中？徒弟只是要讓主人知道，處罰處罰他。」

高僧說：「每個人都會犯錯誤，無論是有心還是無心。如果讓主人看到了菜中的豬肉，盛怒之下他很有可能當眾處罰廚師，甚至會把廚師辭退，這都不是我願意看見的，所以我寧願把肉藏起來。」待人處事固然要「得理」，但絕對不可以「不饒人」。留一點餘地給得罪你的人，不但不會吃虧，反而還會有意想不到的驚喜和感動。每個人的價值觀、生活背景都不同，因此生活中出現分歧在所難免。大部分人一旦身陷鬥爭的漩渦，

便不由自主的焦躁起來。一方面為了面子，一方面為了利益，因此一得了「理」便不饒人，非逼得對方鳴金收兵或投降不可。

然而，「得理不饒人」雖然讓你吹響了勝利的號角，但這卻也是下一次爭鬥的前奏。因為對方雖然「戰敗」了，但為了面子或利益他自然也要找機會「討」回來。

在日常生活中，切記：留一點餘地給得罪你的人，給對方一個台階下，少講兩句，得理饒人。否則，不但消滅不了眼前的這個「敵人」，還會讓身邊更多的朋友疏遠你。俗話說，得饒人處且饒人。放對方一條生路，給對方一個台階下，為對方留點面子和立足之地。這樣做並不是很難，而且如果能做到，還能給自己帶來很多好處。如果你得理不饒人，讓對方走投無路，就有可能激起對方「求生」的意志，而既然是「求生」，就有可能不擇手段，不顧後果，這將對你自己造成傷害。放他一條生路，他便不會對你造成傷害。即使在別人理虧時，你在理已明瞭的情況下，放他一條生路，他也會心存感激，就算不如此，也不太可能與你為敵。這是人的本性。況且，這個世界本來就很小，變化卻很大，若哪一天兩人再度狹路相逢，屆時若他勢強而你勢弱，你想他會怎麼對待你呢？得理饒人，也是為自己留條後路。

要做到忍讓，就必須具有豁達的胸懷，在為人處世、待人接物時，不能對他人要求過於苛刻。應學會寬容、諒解別人的缺點和過失。要做到這一點，就要有氣量，不能心胸狹窄，而

應寬宏大度。特別是在小事上，如果寬大為懷，盡量表現得「糊塗」一些，便容易使人感到你通達世事人情。

　　一位住在山中茅屋修行的禪師，有一天趁夜色到林中散步，在皎潔的月光下，他突然開悟了。他走回住處，眼見到自己的茅屋遭小偷光顧，找不到任何財物的小偷要離開的時候在門口遇見了禪師。原來，禪師怕驚動小偷，一直站在門口等待，他知道小偷一定找不到任何值錢的東西，早就把自己的外衣脫掉拿在手上。

　　小偷遇見禪師，正感到驚愕的時候，禪師說：「你走老遠的山路來探望我，總不能讓你空手而回呀！夜涼了，你帶著這件衣服走吧！」說著，就把衣服披在小偷身上，小偷不知所措，低著頭溜走了。禪師看著小偷的背影穿過明亮的月光，消失在山林之中，不禁感慨的說：「可憐的人呀！但願我能送一輪明月給他。」禪師目送小偷走了以後，回到茅屋赤身打坐，他看著窗外的明月，進入空境。

　　第二天，他在陽光溫暖的輕撫下，從極深的禪室裡睜開眼睛，看到他披在小偷身上的外衣被整齊的疊好，放在門口。禪師非常高興，喃喃的說：「我終於送了他一輪明月！」

　　這就是人心受到感召的力量和改變。也許有人認為克制忍讓是卑怯懦弱的表現，其實，這正是把問題看反了。古人說得好：「猝然臨之而不驚，無故加之而不怒。」這才是真正的英

雄。只有頭腦簡單的無能之輩，才會為芝麻綠豆大的小事各不相讓，爭得面紅耳赤。而能放手時則放手，得饒人處且饒人，才正是心胸豁達、雍容雅量的成功者所應具備的高貴個性。

「得理不饒人」是你的權利，但何妨「得理且饒人」？

所謂「得理且饒人」，就是放對手一條生路，讓他有個台階下，為他留點面子和立足之地，而這對於「得理」的一方來說並不是什麼難事。

得理不饒人，讓對方走投無路，很可能激起對方「求生」的意志。而既然是「求生」，就有可能是不擇手段，這很可能對你造成極大傷害。好比老鼠關在房間內，不讓其逃出，老鼠為了求生，將咬壞你家中的器物。而放牠一條生路，牠「逃命」要緊，自然就不會「狗急跳牆」。

對方「無理」，自知理虧，你在「理」字已明之下，放他一條生路，他會心存感激，來日自當圖報。就算不如此，也不至於毀了對方。得理且饒人，也是積德。

「軟硬兼施」 能辦成大事

「磨」在求人做事中有著神奇的魔力。這種方法看起來有些不可思議，但是有時只有這樣才能辦成大事。有些人臉皮太薄，自尊心太強，經不住人家首次拒絕的打擊。只要前進一受阻，他們就臉紅，感到羞辱氣惱，要麼與人爭吵鬧翻，要麼拂

袖而去，再不回頭。

　　看起來這種人很有幾分「骨氣」，其實這是過度脆弱的自尊，導致他們只顧面子而不想千方百計達到目的，這樣對自己沒有好處。

　　因此，我們在求人時，既要有自尊，又不要過度自尊。為了達到做事目的，有時臉皮不妨厚一點，碰個釘子，臉不紅，心不跳，不氣不惱，照樣微笑與人周旋，只要還有一絲希望就要全力爭取，「軟硬兼施」。

　　有位香港女作家，在濃濃的浪漫情調中與某男士結下良緣，她曾經稱那位男士是追她的男朋友中條件最差的。

　　事情的起源要追溯至幾年前，那是她第一次為洽談自己的小說授權給某家出版社出版而前往。一次晚宴上，女作家和某男士相遇，男士深為女作家的人生體驗所激動，晚宴後就告訴她一句驚人之語：「我可以追求妳嗎？」她當時只當成是一句玩笑話。不料男士真的開始展開猛烈追求，每天從早上開始，他帶了好多朋友，一起在她下榻的大酒店「站崗」。對於男士此舉，女作家感覺如遇跟蹤狂，不敢踏出飯店一步。而緊盯不放的男士便不斷以電話「騷擾」女作家，並告知她「如果再不露面，便要通知你的所有朋友，告訴他們我要追你。」被逼得無路可走的女作家，急中生智說：「你請我喝咖啡，我們好好聊聊。」她一口氣喝了五六杯咖啡，準備使追求者因阮囊羞澀而卻步。

結果他也跟著叫了五六杯咖啡，結帳時不但沒有囊中羞澀，反而給了服務員一筆數目不小的小費。讓對方知難而退的計謀沒有得逞。

最激烈的是，她在飯店最後一夜，鼓足勇氣的那位男士，竟在大庭廣眾面前大膽親吻女作家。霎時花容失色的女作家久久不能言語，隨後激動得幾乎落淚說：「你怎麼可以這樣。」當她離開飯店時，那男士更是一路「窮追猛打」。她去哪裡，就跟去哪裡，最後到國外，越洋電話不知打了多少次。

至此，女作家說：「只要我存在地球上一天，似乎都無法逃出他的手掌心。只好投降，宣告結婚。」

「磨」是一種特殊的求人術。它能以消極的形式爭取積極的效果，可以表現自己不達目的不甘休的決心和毅力，給對方施加壓力，也可以增加接觸機會，更充分的表明自己的態度、思想和感情，以影響對方的態度，實現求人的成功。這種戰術看似簡單，裡面的學問卻不小，怎樣才能「磨」到點子上，主要應注意以下幾個方面。

（1）足夠的耐心是「磨」的前提和基礎

當事情出現僵局時，人們的直接反應通常是煩躁、失意、惱火甚至發怒，然而，這無助於事情的解決。我們應理性的控制自己，採取忍耐的態度。

因為，忍耐所表現的是對對方處境的理解，是對轉機到來

的期待和對求人成功的自信。有了這種心境，我們就能在精神上使自己處於強有力的地位，能夠方寸不亂，調動自己全部的聰明才智，想方設法去突破僵局，即使消耗一定的時間也在所不惜。

另外，「磨」消耗的是時間，而時間恰恰是一種武器。時間對誰都是寶貴的，人們最耗不起的是時間。所以，如果我們以足夠的耐心，擺出一副「打持久戰」的架勢與對方對壘時，便會對對方的心理產生震懾。以「磨」的方式纏住對方，足以使其改變初衷，加快做事速度。所以，在求人做事時要沉住氣，耐心的犧牲一點時間，反而可以爭取到更多的時間。

(2) 學會「軟硬兼施」

「軟硬兼施」，不是消極的耗時間，也不是硬和人家耍無賴，而是要善於採取積極的行動影響對方、感化對方，促進事態向好的方向轉化。

俗話說：「人心都是肉長的。」不管雙方認識上的差距有多大，只要我們善於用行動證明誠意，就會促使對方去思索，進而理解我們的苦心，從固執的框子裡跳出來，那時我們就將出現希望。

(3) 發揮笑臉的威力

始終做到彬彬有禮，擺事實講道理也要笑容滿面，並要經常出現在能讓對方看到的場合。例如：他的辦公室、家裡等，

160

而且每次都要準時無誤，讓對方感到好像是在上班一樣，一到點就趕來了。這樣，對方在自己的視野範圍內總能看到自己，也就總能想到自己的事情了。

(4) 要適時巧言攻心

有時候我們去求人，對方推著不辦，並不是不想辦，而是有實際困難，或心有所疑。這時，我們若僅僅靠行動去做，很難奏效，甚至會惹火了對方，纏煩了更不利於做事。如遇這種情形，嘴巴上的功夫就顯得十分重要了。要善解人意，抓住問題的癥結，巧用語言攻心。

話是開心的鑰匙。當你把話說到點子上時，就會敲開對方心靈的大門。那麼你的「磨」也就真正達到作用了。

(5) 「磨」是一種靜靜的禮貌等待

等待對方盡快給予答覆。不要讓對方感到自己是故意找麻煩，故意影響他的工作和休息，要盡量通情達理，盡量減少對對方的干擾，這樣，才能磨成功。磨可以不露鋒芒，不提要辦的事，只是不間斷的接近對方，使雙方關係拉近，讓對方更多的了解自己，同情自己，從而產生幫助自己的意願。也就是，想辦法與對方接近或與對方家人接近，並透過各種辦法與他們做好關係，從感情上貼近。這種感情上的磨，對方是難以拒絕的。

找同事做事，該張嘴就張嘴

　　每個人在公司都有表現自己的欲望，求同事做事就等於為他提供了一次表現個人能力的機會，即便遇到困難也得辦；即便有時擔心主管不滿也得辦，以此在同事中維護自己急公好義的形象，同事的事和公司的事一樣，每個人都會感到自己有一份責任和義務。因此，找同事做事不用存在任何顧慮，該張嘴時就張嘴。

　　有一位三十多歲的男性在家具工廠工作，他話雖少卻極富想像力和獨創性，是一位很了不起的藝術家。他設計的款式非常有創意，在工廠裡是一個引人注目的人物。但是，可能是因他不善交際，多少有點討人嫌，總是受到前輩們的排擠，特別是在職員們發起的每年幾次的學習會上。

　　他參加學習會的感受是這樣的：「無論我提出什麼樣的方案都會遭到幾位前輩的反對，無法得到採納，前幾次是這樣，這次也是如此。本來學習會是提出新想法的場所，但現在卻成了前輩們耀武揚威的地方，即使勉強去參加，自己的方案也得不到採納，所以我已經不想再參加了，但總無法明確說出口。我每次都是很勉強的去參加。」

　　據他所說，他的一個同事就是因為對那些前輩們不滿而沒有再去參加學習。看到那些前輩們對那位同事投以討厭的目光時，他心想，自己若能像那位同事勇於發表意見，就不至於

像現在這樣什麼都說不出來，感到很痛苦，甚至還想辭掉工作呢！他為此十分害怕，他說，除了那幾位前輩外，工作的心情還不算壞。

他對自己在設計上的表現並無不滿，但在用語言表現這方面卻缺乏自信。

他與知心好友聊天、用餐時，也像其他人一樣能侃侃而談，而且說的話也像他的設計一樣富於表現力，非常生動。這時的他與受壓抑時的他完全兩樣，就像傳教士一般，表情相當溫和。

一旦酒後心情放鬆，他還可以妙語如珠的說個不停；但是酒醒之後，又回到了沉默寡言的他。

對於自己的現狀，他決定找同事幫忙。於是，他找來了幾位同事作為觀眾，鍛鍊自己當眾講話，幾天下來，他不像以前那麼緊張了。終於在一次會議上，他完完整整的把自己的創意表達了出來，並受到了主管們的好評。

做事時利用關係是能最快達到預期效果的。同事關係是做事最直接最方便利用的關係。因此我們要好好利用同事關係做事。

首先，要誠心誠意去找同事做事。同事之間了解得比較多也比較深，如果找同事做事藏藏掖掖，想託人做事又神神祕祕，不把事情說明白，容易使同事產生你不信任他的感覺。因

此，找同事做事，就要先說明究竟要辦什麼事，坦言自己為什麼辦不了，為什麼要找他。這樣，精誠所至，同事只要能辦到的事，一般是不會回絕你的。

其次，要以謙和的態度去面對同事。同事不是朋友，一般都沒有太深的交情。因此，找人之前說話一定要客氣，而且要以徵詢的口氣與同事探討，激他幫忙想辦法，受到如此的尊重，同事如果覺得事情好辦，自然會自告奮勇的去辦，幾句客氣話，省卻許多麻煩。辦完事之後，一般不要用錢來表示謝意，客氣幾句，說聲謝謝就可以了，如果執意要拿錢來表示，容易引起對方反感，因為同事之間辦點事就接受物質感謝，會給大家留下壞印象。

再次，找同事做事要目標明確。一些比較籠統不明的事一般不找同事去辦，辦一件事之前，要先知道你這位同事的社會關係，以及他辦起來是否有太大的難度，只有掌握了這些情況，你才能做到張口三分利，也不至於讓同事左右為難。

最後，要分清有些事情不能找同事。自己能辦的事盡量自己去辦。如果同事不能直接辦也得「人託人」，這樣的事，不如轉求他人。和同事利益相抵觸的事不能找同事去辦，即便這利益涉及的是另一個同事。

在找同事幫忙時，要注意以下幾個方面：

(1) 不說難聽的話

在同事幫忙時，就要使對方產生好感，所以，你必須言語和善。尤其是那些心直口快的人，更要深思慎言，不說讓人生厭和惹人不快的話，那樣會事與願違的。

(2) 不說沮喪的話

既然去求人，就處在比較卑微的位置。只有在出現困難和危難的時候，往往使人心力交瘁，情緒低落，會有意無意的在和周圍人的交往中，說一些情緒沮喪的話，這是不得體的。因為他容易給人一種壓抑的氣氛，引起對方的不快、也易形成話不投機。

(3) 不說貶低自己的話

有個別求人者喜歡用貶低自己來抬高別人方式，殊不知你的謙虛有時在對方看來卻是一種畏縮。謙虛要用對地方，不能自貶的時候，還是實事求是的好。

(4) 不擔心、懷疑對方的話

求同事做事的人，往往意願都比較迫切，因此，容易說一些急於求成，催促對方的話，猜疑對方能力、權力和身分的話，表現自己的擔心和情緒低落的話。這些話暴露的多是一些負面意識，因而也會產生一些負面效應，這是應盡力避免的。

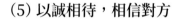

（5）以誠相待，相信對方

同事之間了解得比較多也比較深，如果找同事做事總藏著掖著，想託人做事又神神祕祕，不把事情說明白，很容易使同事產生你不信任他的感覺。因此，找同事做事就要先說明究竟要做什麼事，坦言自己為什麼做不了，為什麼要找他幫忙。這樣，精誠所至，同事只要能幫忙的事，一般是不會回絕你的。

在家靠父母，出門靠朋友。懂得與他人良好的相處，並善於利用你身邊的資源，巧妙利用同事為你做事，會對你大有幫助。

求人做事一定要利用好時機

有時候你去託人做事，對方推著不做，或者故意推託。這時，你若僅僅靠軟硬兼施的工夫去糾纏很難奏效，甚至會把對方「磨」火了，纏煩了，就更不利於做事。所以，求人做事一定要利用好機會。

清光緒年間，鎮江知府大人想為他的母親做八十大壽，消息傳出來後，孫老闆愁眉頓開，高興萬分。孫老闆為何高興？原來那時鎮江木號的木材，大部分堆在江邊。為此，清政府每年要索納幾千兩銀子的稅貼。木號的老闆們為了放寬稅貼，只好向知府大人送禮獻媚。可這位知府自稱清正廉明，所贈禮品均拒之門外。

　　孫老闆正在設法尋找接觸的機會，聽說知府的老母要做大壽，頓時覺得這是一個機會。他知道知府大人是位孝子，對老夫人的話是百依百順。只要打動了這位老夫人，也就等於說服了知府大人。

　　孫老闆派人打聽老夫人喜歡什麼，得知她最喜歡花。可眼下初入寒冬，哪來的鮮花呢？孫老闆靈機一動，有了辦法。

　　老夫人做壽這天，孫老闆帶著太太一行早早來到知府大人的後衙。孫太太一下轎，丫環們就用綠色的綢緞從大門口一直鋪到後廳，孫太太在地毯上款款而行，每一步就留下一朵梅花印。朵朵梅花一直「開」到老夫人的面前，祝老夫人「壽比南山，福如東海」。老夫人聽了笑眯眯的，連忙請他們入席。

　　宴席期間，上了二十四道菜，孫太太也換了二十四套衣服，每套衣服都繡著一種花，什麼牡丹、桂花、荷花、杏花……看得老夫人眼花繚亂，眉開眼笑。直到宴席結束，孫太太才說請知府大人高抬貴手，放寬木行稅貼。老夫人正在興頭上，忙叫兒子過來，吩咐放寬張炳記木號的稅貼。既然母親開了「金口」，孝子不能不點頭答應。

　　從此，孫太太成了知府家中的常客，每次來都「借花獻佛」。那孝順的知府大人也因母命難違，就對孫老闆另眼相看。

　　做人做事，不可急功近利，要善於尋找機會。善於放長線釣大魚的人，看到大魚上鉤之後，總是不急著收線揚竿，把魚

甩到岸上。因為這樣做，到頭來不僅可能抓不到魚，還可能把釣竿折斷。

他會按捺下心頭的喜悅，不慌不忙的收幾下線，慢慢把魚拉近岸邊；一旦大魚掙扎，便又放鬆釣線，讓魚流竄幾下，再又慢慢收釣。如此一收一弛，待到大魚筋疲力盡，無力掙扎，才將魚拉近岸邊，用網子撈上岸。

求人也是一樣，如果逼得太緊，別人反而會一口回絕你的請求。只有耐心等待，尋找機會，才會有成功的喜訊。

有時你想求人為你做事，他卻不一定願意為你做貴人，不想幫你，怎麼辦？這就要想辦法，讓他行也得行，不行也得行，世上沒有攻不破的堡壘，更沒有感動不了的人。像孫老闆就很會利用機會。你求人幫助，尤其求那些功成名就的人，那些身懷絕技的人，那些個性特立的人，是需要下一番功夫的，要利用好機會。

某公司老闆孫先生眼下資金周轉不靈，如不及早籌措到位，會直接影響公司的生意和聲譽。他本想向銀行貸一筆款，但是，銀行卻不願意再多借給他一分錢。

就在這個時候，孫老闆忽然想到找馬先生幫忙。此人身為一個紡織公司的董事長，卻是一個非常吝嗇、一毛不拔的人。如果照常理推斷，錢是絕對借不到的，不過孫老闆還是想試試看。

　　孫老闆深知如果用一般的方法來和他借錢，絕無成功的可能。他經過片刻思考後，就下定了決心，打電話給馬先生，約好見面的時間和地點。

　　到了約定的那一天，孫老闆很早就搭車前往，然而在離馬先生家還有一百五十公尺時，他就下車開始全速跑向馬先生家。

　　那個時候正好是夏天，孫老闆當然是滿身大汗。馬先生見了他非常詫異的問：「咦！你怎麼搞的？」

　　「我怕趕不上約定的時間，只好跑步趕路！」

　　「那你怎麼不坐計程車呢？」

　　「我很早就出門了，坐公共汽車來的，不過因為路上發生了車禍，所以耽誤了一些時間。但是，我又怕時間來不及，只好下車跑來了，所以才會滿身大汗呀！」

　　「像你這種人也會坐公共汽車嗎？」

　　「怎麼？您不知道我是個吝嗇之人嗎？我怎麼會坐計程車呢？坐公共汽車既便宜又方便，而且自己沒車的話，也可以省了請司機的開銷。」

　　「父母賜給我的這雙腳最好了，碰到趕時間的時候，只要用它跑就可以，既不花錢，又可強身，多好呀！我這種吝嗇的人哪會像你們大老闆一樣有自己的車呢？」

　　「我也很小氣啊！所以，我也沒有自家的車子。」馬先生謙遜的說。

「您那叫節儉，我這叫小氣，所以才有『小氣鬼』的綽號。」

「但是我從來沒聽說過你是這種人。其實，我才真的被人認為是吝嗇鬼！」

「馬先生，人不吝嗇的話，是無法創業的，所以，人不能太慷慨。我們做事業的人都是向銀行或他人貸款來創業的，當然是應該節儉，千萬不能隨便浪費錢啊！」

「我們要盡量賺錢，好報答投資的人。錢財只會聚集在喜歡它、節儉它的人身上……我經常對屬下這麼說。」

孫老闆的這些話使馬老闆產生了共鳴，於是很反常的借錢給這個相見恨晚的孫老闆。

求人做事時，對方能不能答應你的要求，能不能全力幫助你把事情辦成，關鍵在什麼？關鍵在你能不能製造出有利的機會，好好的利用這個機會來求人為自己做事。

請求別人，一定要選擇好時機。當別人忙碌時或正在發怒時若不識相開口求人，那別人不是敷衍你就是對你翻白眼。而善於利用機會者，就能在別人高興時順勢求人，在對方容易接受的時候講出來，可以讓對方接受你的請求，這種趁虛而入請求當然成功率要高得多。

吃虧是一種高明的做事「手腕」

「吃虧是福」是我們的祖訓之一，至今被廣泛認同與傳揚。不少文章把「吃虧」描述成無私的奉獻、犧牲精神、豁達心態、成全他人的品德、瀟灑的生活態度、恬淡處世的行為等崇高的境界，所以不僅要甘於吃虧，還要勇於吃虧。

王佳為公司勤勤懇懇的做了六年，馬上就要升遷加薪了，卻一不留神吃了大虧：她出差期間，公司分配了需要指導的新人。等她趕回公司，好一點的新人都被別人「認領」了，只剩下一個典型的「歪瓜裂棗」：一個據說只在私立專科裡讀了兩年就跑出來混的小男生。

人事經理對她說：「王佳，這個人是臨時招募來的，你隨便指導指導，不出錯就好了。」

王佳笑眯眯的點頭，心裡卻把人事經理罵了個狗血淋頭：老娘混了那麼多年，還不明白你們的伎倆，就算我嘔心瀝血把他教成了優秀員工，你們也不見得滿意，我要真的隨便你們還不把我給殺了？再說，升遷指標只有一個，同部門的小李也是虎視眈眈，如果這時候輸給了他，說不定就輸得一敗塗地。

可要想贏過小李簡直是太難了。人家小李指導的新人是正規大學畢業生，還在多家知名企業裡實習過。看來，這個虧王佳是吃定了。

同事們都很同情王佳。大家都看得出來，她指導的那個小

男生真的很不適應公司的節奏，一封催貨的英文電子郵件，別人花十五分鐘可以搞定，他卻要用「一指神功」僵硬的在電腦鍵盤上慢慢敲半個鐘頭，每天都要加班兩個小時以上才能完成當天的工作量。

王佳為此頭痛得要命，不但自掏腰包買了一套打字軟體送給他，而且每天下班後都要留在辦公室裡陪他加班。好多次上司從外面談完生意回到公司開會，都能看到辦公室裡燈火通明，王佳還在指導新來的員工。

儘管王佳如此費心費力，三個月後新員工試用期考核結束，小李指導的那位新員工的表現還是遠遠超出她指導的新員工。

出乎大家意料的是，王佳在指導新員工方面的表現遠遠不如小李，但卻贏得了部門裡唯一一個升遷指標。公司上層都知道這個新員工的素養比較差，也多次目睹王佳指導新員工的場面，他們覺得，王佳肯吃虧，有容人之量，更具有領導者的風範。

「吃虧是福」本身是一個利益交換等式，吃虧者並不希望利益白白受損，而是希望用「吃虧」換來「福」，至於什麼是「福」。每個人的見解都不同。所以，用眼前利益的暫時損失去換取長遠的利益，這才是真正意義上的「吃虧是福」。否則，就是吃傻虧。正因為如此，還有一句話叫「吃虧在明處才是福」，

明明白白的吃虧，讓關鍵人物知道你是主動的吃虧，認同你的吃虧，感謝你的吃虧，你才能換取他人「知恩圖報」。

胡雪巖本是江浙杭州的一個小商人，他不但善於經營，也會做人，頗通曉人情，懂得「惠出實及」的道理，常給周圍的人一些小恩惠。他不滿意目前的這種小打小鬧，他一直想成就一番大事業。他心裡一直在盤算，當時，一貫重農抑商，單靠純粹經商是不太可能出人頭地。大商人呂不韋另闢蹊徑，從商改為從政，名利雙收，所以，胡雪巖也想走這條路。

王有齡 —— 杭州的一個小官員，一直想往上爬，又苦於沒有錢做敲門磚。胡雪巖與他也有些來往，隨著交往加深，兩人發現他們有共同的目的，只是殊途同歸。王有齡對胡說：「雪巖兄，我並非無門路，只是手頭無錢，空手總是套不了白狼。」胡雪巖說：「我願意傾家蕩產來幫助你。」王有齡說：「我富貴了，絕不會忘記胡兄。」

於是，胡雪巖變賣了全部家產，籌集了幾千兩銀子資助王有齡。王去京城求官後，胡雪巖仍舊操其舊業，對別人的譏笑並不放在心上。

沒過幾年，王有齡穿著巡撫的官服登門拜訪胡雪巖，問胡有何要求，胡說：「祝賀你福星高照，我並無困難。」

王有齡非常講交情、重情義，他利用職務之便，令軍需官到胡的店中購物，這樣，胡的生意越來越好、越做越大。他與

王的關係也更加密切起來。

後來，太平軍占領了杭州，王有齡上吊自殺。沒有了王有齡這個後台，胡雪巖並沒苦悶多久，他要重新尋找支持者，他看中了新任的浙江巡府左宗棠。他拿出一部分銀子，為左的湘軍辦糧餉和軍火，贏得了左的好感和信任。結果，隨著左宗棠權力的升高，胡雪巖也是吉星高照，被左宗棠舉薦為二品官員，成為大清朝唯一的「紅頂商人」。

除了本身的經商才智，胡的成功還靠他的練達的社交能力，他善於製造機會和利用機會，更知道利用人情世故，懂得吃虧，令朋友信賴他的寬厚和真誠。他也深知，今天，他給朋友的是一滴水，他日，朋友將以湧泉來相報。

以吃虧來交友，以吃虧來得利，是一種比較高明和有遠見的做事「手腕」。

當然，吃虧也必須講究方式和技巧。虧，不能亂吃，有的人為了息事寧人，去吃虧，吃暗虧，結果只是「啞巴吃黃連，有苦難言」。孫權就是這樣，為了得回荊州，假意讓自己的妹妹嫁給劉備，結果在諸葛亮的巧妙安排下，孫權不僅賠了妹妹，又折了兵。荊州還是在人家手中，這個虧未免吃得太不值得。

虧，要吃在明處，至少，你該讓對方意識到。

智者說：「吃虧是福。」因為吃虧，你就成了「施」者，朋友則成了「受」者，看上去，是你吃了虧，他得了益。然而，朋

友卻欠了你一個人情，在友誼、情感的天平上，你已加了一個
砝碼，這是比金錢、比財富更值得你珍視的東西。

　　吃虧，會讓你在朋友眼裡變得豁達、寬厚，讓你獲得更深
的友情。這當然會使朋友更心甘情願的幫助你，為你做事。

先與後得，巧辦棘手之事

　　一般而言，不論辦什麼事其實都是對某種利益的追逐。而
要在社會上獲得某種利益，又必須保持一種相對穩定的利益平
衡關係。就是說在利益問題上不能總一頭熱，一頭沉，不能讓
對方一味的付出，而在付出之前或付出之後總還要有所得，這
種獲得當然不限於物質上的，也包括精神上的、感情上的。所
以，正是基於世界上這樣一種利益平衡關係，人們才有了欲取
先予的做事方法。

　　這種做事方法的守則是：「欲取」的目標必須暫時隱藏不
露，且在露之前投其所好，先給對方甜頭嘗嘗，待對方嘗得高
興了，再順勢把自己「欲取」的目標提出來。因為對方先嘗到了
甜頭，不但心情好，而且還可能產生知恩圖報的心理激發，在
這種心理驅動下，很容易答應對方的做事請求。

　　常言道：「吃人家嘴軟，拿人家手短。」一旦接受了人家的
好處，占了人家的便宜，再拒絕起人家的做事請求來，就不那
麼好意思開口了。很多人重人情，講面子，「滴水之恩必當湧泉

相報」，聰明人運用這一方法，幾乎百試不爽。

清代著名書畫家「揚州八怪」的代表人物鄭板橋就曾被這種「糖衣炮彈」打中，吃了一次啞巴虧。

鄭板橋擅長畫竹、蘭、石、菊，字寫得也棒。他那幅「難得糊塗」的複製品，今天大街小巷仍隨處可見，當時，慕名上門來求他字畫的人不少，鄭板橋也不客氣，寫了一張價格表貼在大門上，上面寫道：

「大幅六兩，中幅四兩，小幅二兩，條幅對聯一兩，扇子斗方五錢。凡送禮物、食物，總不如白銀為妙；公之所送，未必弟之所好也。送現銀則中（衷）心喜樂，書畫皆佳。禮物既屬糾纏，賒欠尤為賴帳。」

明碼標價，頗為痛快直爽。不過，鄭板橋恃才傲物，鄙視權貴，一些達官顯貴想索求書畫，哪怕推著裝滿銀子的車來，也被拒之門外。

有位大富豪新蓋了幢別墅，豪華富麗，但就是缺少「斯文」氣息。有人建議，何不弄兩幅鄭板橋的字畫，往客廳裡一掛，豈不就高雅脫俗了嗎？

富豪一聽，猛拍大腿，妙！拎著錢箱就往鄭板橋家跑。名片遞進去後，照例被擋在門外，理由無非是先生外出、不舒服、在練氣功等，一連幾次都是如此。

後來，大富豪與一位大官朋友閒聊時，偶提此事，大官說：

「你怎麼連鄭板橋是什麼人都不曉得？別說你啦，我想要他的畫，要了好幾年，都還沒弄到手。」

大富豪一聽，來了精神，誇下海口道：「瞧我的，不出幾天，定能弄幾幅字畫來，上面還要讓他寫上我的大名。」

於是，大富豪派手下人四處打探鄭板橋的生活習慣和各種愛好。

這一天，鄭板橋出來散步，忽然聽見遠處傳來悠揚的琴聲，曲子甚雅，不覺感到好奇，這附近沒聽說有什麼人會奏琴呀？於是，循聲而來，發現琴聲出自一座宅院。院門虛掩，鄭板橋推門而入，眼前的情景讓他大感驚訝：庭院內修竹疊翠，奇石林立，竹林內一位老者鶴髮童顏，銀髮飄逸，正在拂琴而鳴。哎呀，這分明就是一幅美好的圖畫呀！

老者看見他，琴聲立即戛然而止，鄭板橋見自己壞了人家興致，有點不好意思，老者卻毫不在意，熱情的讓他入座，兩人談詩論琴，頗為投機。

談興正濃，突然，傳來一股濃烈的狗肉香，鄭板橋感到很詫異，但口水已經忍不住要流下來。

一會兒，只見一個僕人捧著一壺酒，還有一大盆爛熟的狗肉，送到他們面前。一見狗肉，鄭板橋的眼睛就黏在上面了，老者剛說個「請」字，他連故作推辭的客套話都忘掉了，迫不及待的狂喝酒，猛吃肉。

風掃殘雲般的吃完狗肉，鄭板橋這才意識到，連人家尊姓大名還不曉得，就糊里糊塗在人家這裡大吃一通。現在酒足飯飽，總不能就這麼一甩袖子，說聲「拜拜」就走吧！

然而，又該怎麼答謝人家呢？留點銀子吧，不僅太俗，而且自己出來散步沒帶錢呀。於是，他對老者說：「今天能與您老邂逅，實在是幸會，感謝熱情款待，我無以回報，請您找些紙筆，我畫幾筆，也算留個紀念吧。」老者似乎還有點不好意思，連聲說：「吃頓飯不過是小意思，何必在意！」

鄭板橋以為他不稀罕書畫，便自誇說：「我的字畫雖算不上極佳，但還是可以換銀子的。」

老者這才找來紙筆，鄭板橋畫完，又問老者的名，老者報了一個，鄭板橋覺得耳熟，但又想不起來是怎麼回事，還在落款處題上「敬贈某某某」。看看老者滿意的笑了，這才告辭離去。

第二天，這幾幅字畫就掛在了大富豪別墅的客廳裡，大富豪還請來賓客，共同欣賞。賓客們原以為他是從別處高價購買來的，但一看到字畫上有他的大名，這才相信是鄭板橋特意為他畫的。

消息傳開後，鄭板橋簡直不相信自己的耳朵。他又沿著那天散步的路線去尋找，發現那原來是座無人居住的宅院，這才意識到，自己貪吃狗肉，竟然落入人家的圈套。

兵法云：「以迂為直、以患為利」，「將欲取之，必先與之」，這樣才能達到出奇制勝的效果。而「長線方能釣大魚」的做事方式，正包括著這種以退為進的含意。這種以退為進顯然要比直接說出自己的意圖的方法要好得多，透過「退」可以審時度勢，瞄準對方心理，再抓住對方的心理提出自己的觀點，使得對方難以拒絕你。

巧「兜圈子」，繞道而行

現實生活中，我們會碰到這樣或那樣的難題，這些難題能否順利解決關鍵取決於解決問題的方式和手段，有時候這些難題讓人頭痛，進退兩難。但是，解決這類問題並不是沒有辦法，首先要分清對象，然後根據具體的情況，採取繞道而行的策略，力求用巧妙的方式圓滿解決。

為了一筆欠款，劉英去了某廠十餘次也沒個結果。她感到用常規的辦法是不行了，於是，她決定採取迂迴戰術。她選擇了該廠財務科的副科長小余為突破口。因為她了解到這個年輕人是該廠廠長的外甥。

於是，劉英來到該廠財務科把小余叫了出來。小余為難的說：「大姐，你的事我實在幫不了忙。」

劉英笑著說：「我今天可不是來要欠款的，更不是找你幫忙，我是給你幫忙來的。」

第四章　做事要講究分寸

「你給我幫什麼忙？」小余不解的問。「給你介紹對象呀。」一句話說得小余的臉微微發紅。

劉英接著說：「別不好意思，我已經打聽了，你還沒有女朋友。正巧我昨天去姑媽家，我有一表妹也沒有對象。我表妹長得沒說的，也是大學畢業，和你挺般配的。我已經幫你們約好了，今天晚上你們在電影院見面，這是電影票，可別去晚了，談戀愛男生要主動一點。」

第二天，劉英一下班就迫不及待的給表妹打了個電話，從表妹的語氣中感到兩人「有戲」，她鬆了一口氣，有機會要回欠款了。

從此以後，她不再去要欠款了，而是把精力放到了其他幾個欠款的廠商。半年後，劉英家裡來了兩位稀客，是小余和她的表妹。表妹告訴她自己和小余快要結婚了，小余也告訴劉英，他們廠最近回來幾筆貨款，夠還她們廠的欠款了，明天就可以辦理還款手續。

很明顯，小余夫婦是劉英要債活動中的關鍵，達到了舉足輕重的作用。因為，她自始至終也沒有向他們提一句幫忙要債的話，高明的她知道，「此時無聲勝有聲」，她沒有必要畫蛇添足開口讓對方幫忙。由此可見，對於一件從正常管道入手比登天還難的事，如果善於採取「迂迴」方法，結果可能迎刃而解。

客觀事物的發展，大多是由簡單到複雜，由低級到高級的

規律發展的，但它發展到一定的程度，可能也會出現後退、下降這種情況，也就是說，總的趨勢是有起有落的波浪式，正如列寧指出的「螺旋式的上升運動」。但不管發展到什麼程度，總有解決的方案，這就是方法的問題。既然走直道 —— 「直接追索九龍杯」不行，又不能不追回它，不妨曲線救國 —— 「透過魔術表演」變回九龍杯來，這樣以退為進，繞道而行，既「變」回九龍杯，達到了追回國寶的目的，又不傷外賓的自尊，真是一舉兩得，令人欽佩。

要想使對方心甘情願的與你合作，直來直往是行不通的，必須學會「兜圈子」。當然，這裡的兜圈子是有重心的，要圍繞重心，如果離題萬里很難接近正題，那就等於自己白跑了一圈。我們人生的道路不總是筆直平坦的，難免有坎坷不平和激流險灘，在這樣的情形下，我們一味的勇往直前，難免會跌倒，甚至碰得頭破血流。事業的征途上也是如此，不可能總是「順水又順風」，巨大的困難如同攔路虎一樣橫在我們面前，我們每個人不都是打虎英雄武松，與其被老虎咬得遍體鱗傷，倒不如悄然繞行，因為我們的最終目標不是和老虎爭鬥，而是繞過老虎到達目的地。

第四章　做事要講究分寸

第五章
細節決定成敗，小事成就大事

「泰山不拒細壤，故能成其高；江海不擇細流，故能就其深。」人的一生都是由一個個細節構成的，大禮不辭小讓，細節決定著一個人的成與敗、喜樂與悲哀。正如俗話說：「細節決定成敗。」無論是處理日常中的事情，還是面對錯綜複雜的人際關係，做人做事成敗與否的關鍵在於細節。

魔鬼都隱藏在細節中

老子曾說：「天下難事，必做於易；天下大事，必做於細。」很多事情看起來龐大複雜、無法解決，但只要我們稍加留心、勤於思考，我們就會發現，問題就出在細節上面。一個重視細節的人必定是個高度負責、留心生活的年輕人，也是個精益求精、追求卓越的人。一個重視細節的年輕人必定能夠在工作中交出令人滿意的答案卷，為老闆所賞識。

有三個人去一家公司應聘採購主管，他們當中一人是某知名管理學院畢業的，一名畢業於某商院，而第三名則是一家民辦高校的畢業生。在很多人看來，這場應聘的結果是很容易判斷的，然而事情出乎人們的意料，經過一番測試後，最終留下的卻是那個民辦高校的畢業生。

在整個應聘過程中，他們經過一番測試後，在專業知識與經驗上各有千秋，難分伯仲。隨後，招聘公司總經理親自面試，他提出了這樣一個問題，題目為：假定公司派你到某工廠採購四千九百九十九個信封，你需要從公司帶去多少錢？

幾分鐘後，應試者都交了答案卷。第一名應聘者的答案是四百三十元。

總經理問：「你是怎麼計算的呢？」

「就當採購五千個信封計算，可能是要四百元，其他雜費就三十元吧！」應者對答如流，但總經理未置可否。

第二名應聘者的答案是四百一十五元。

對此他解釋道：「假設採購五千個信封，大概需要四百元左右，另外可能需用十五元其他費用。」

總經理對此答案同樣沒表態。他拿起第三個人的答案卷，見上面寫的答案是四百一十點九二元時，不覺有些驚異，立即問：「你能解釋一下你的答案嗎？」

「當然可以，」該同學自信的回答道，「信封每個八分錢，四千九百九十九個是三百九十九點九十二元。從公司到工廠，搭車來回票價十一元。因此，最後總費用為四百一十點九二元。」

總經理會心一笑，收起他們的試卷，說：「好吧，今天到此為止，明天你們等通知。」結果，重視細節的第三個人勝出了。

這道題顯然是專門用來考察求職者對細節的重視程度的。在這裡，一個不經意的細節就決定了面試的成敗。把每一個細節都考慮到的員工，才是公司需要的人。

只要你留心觀察，就會發現我們身邊有許多這樣的人：他們不見得有很高的學歷、聰明的頭腦和堅實的後台，但他們謙虛、低調，留意生活的每一個細節，善於觀察與思考，從別人的點點滴滴中學到有益的東西。就是這些看似不起眼的細微之處決定了他們與其他人的距離。

約翰‧洛克菲勒曾說：「當聽到大家誇一個年輕人前途無量

時，我總要問：『他努力工作了嗎？認真對待工作中的小事了嗎？他從工作細節中學到東西了沒有？』」一個年輕人，即便有再高的學歷，但如果對待工作不認真，不將敏捷的判斷力、準確的邏輯推理能力、豐富的專業知識和工作中的具體細節連繫起來，最終也將一事無成。

注意大局，也要關心細節。可以說，任何一個想要成大事的年輕人都應該關心細節，因為細節總會在關鍵時候達到關鍵的作用。魔鬼都隱蔽在細節中。

一個平時不下基層的管理者，在決定提拔哪個愛將的時候舉棋不定，因為他的這兩個下屬人品學識和經驗都不相上下。後來管理者到他們的辦公室分別走了一趟後，心裡立刻就有了答案。他的依據就是辦公桌的清潔程度。一個人的桌面雜亂，檔案、記事本、電腦上都蒙著厚厚的塵土，一切看上去都毫無頭緒，讓人頭痛。在管理者看來，這樣的人做起工作來也會給人毫無頭緒的感覺；而另一個人則把一切都打理得井井有條，桌面上一塵不染，連滑鼠都閃閃發亮，所有的工作都做得很到位。管理者認為這樣一個在繁忙中還能主動去照顧到細小地方的人，工作起來會比較認真周全，讓人放心和信任。就這樣，一個小小的細節便決定了兩個人不同的職場命運。

魔鬼都藏在細節中。你如果不注意它，它就會溜出來給你的工作帶來致命的打擊。

工作中，我們在把握好方向的前提下，一定要多注意細節，自動自發的去將工作做到位，只有這樣才對得起自己的努力和熱情；才不會給工作留下遺憾。許多能夠比我們進步快，晉升快的人，都是因為注意了工作中的細節，養成了良好的習慣，才在工作中有上乘表現。

一個積極進取的年輕人必定是個注重細節的人，或在工作中精益求精，或從同事身上學習一切可學習的素養。他會深刻的理解「細節決定成敗」這一道理，知道任何一個細微之處都是不可小視的，都可能關係到產品與服務是優是劣，關係企業的聲譽是好是壞。也只有注重細節的人，才能從小處不斷累積，逐漸提升自我，最終取得事業上的成功。

小細節展現一個人的修養

一個頗具魅力的年輕人，並非靠他背後的學歷來做支柱，而是靠他平時所積聚下來的涵養，即一個人的禮貌修養。

一位朋友講述了這樣一個故事。

「我去某公司應聘，面試時，外面等了很多人，叫到誰，誰就去到經理室推門而入。叫到我時，我在門口敲門問：『我可以進來嗎？』經理說可以，我再進去。

「幾天後，我就被該公司聘上。過了一段時間，我與經理熟了，就問他聘我是看中我什麼優點。經理回答：『說老實話，你

哪一條都不比別人強，我看中你的，是你進房時敲了門。敲門說明你懂禮貌，而懂禮貌，說明你有教養，有教養的人不說能在公司有大的作為，起碼不會給公司製造亂子。』」

一個小小的細節，卻展現了一個年輕人的修養。修養是人內在的素養，但這種內在的素養正透過人外在的禮貌表現出來。

良好的修養可以替代財富。對於有修養的年輕人，所有的大門都向他們敞開；他們即使身無分文，也隨時隨地會受到人們熱情的接待。一個言行得體、謙和友善、助人為樂、舉手投足無不具有紳士風範的年輕人，在成功的道路上將會暢通無阻。

有的年輕人認為「不拘小節」是一種瀟灑，一種成就大事的風格。實際上，我們於小節處更應檢點。緊要的關頭，大家都會以最佳狀態小心應戰，而日常瑣碎所展現的細節，則是一個人的天性、本質、修養的自覺流露，這些地方往往將人的言談舉止反映得更客觀更全面。

今天，有的人很少注意檢點小節，他們將輕浮視為瀟脫，將放蕩不羈視為追求個性。這種認識上的錯誤，使他在人生旅途上、與人相處時處處碰壁。有的人在工作公司上班、下班，與人見面從來不與人打招呼，對面來人了趕緊將頭扭向一旁。他獲得了一點成績，更加我行我素旁若無人，當他失敗時，沒有得到別人一點的安慰和幫助，大家的評語竟是「活該」、「應有此報」，這樣的結局多令人心寒。如果他平時能放下自己的那

副趾高氣揚、不可一世的派頭，與周圍的人多溝通點，又怎麼會落得如此狼狽的下場呢？

不要小瞧了和別人溝通這一細節。雖然與人溝通感情的最初階段只是打招呼，但不要忘記，在人的內心裡有思想和感情兩個方面。心與心之間的軸要想繫上連結，最初的方法就是打招呼，由陌生到認識再到熟悉。如果連最簡單的如「您好」、「再見」等等日常的招呼也不會的人，怎麼能成大事呢？人生活在社會上，還得受社會環境的制約和誘導，不可能不與周圍的人接觸，你不拘小節，難道你周圍一般交往的人也不拘小節嗎？

在交往時，言行舉止往往與人的內心世界連繫在一起，因此，對於個人的言行舉止，也必須注意。因為這些言行可能會影響對方對你的印象，從而基本上影響交往的成敗。尤其應該注意的是，盡量不要招致對方的不愉快，這種損人利己的事情，一定要嚴加禁止，即所謂「嚴於律己，寬以待人」。我們總要時時反省、檢視自己的舉止言行，雖然只是一些小節，平時稍加注意才會讓對方對你有好感。

有的年輕人交談過久就習慣使用口頭禪，甚至時常講「不可以」、「不行」這一類否定詞語，這種人給人的印象多半不是很好。此外還有一種人服裝不整、不注意衛生，給人不潔之感，或常做些不雅的動作，以及態度冷漠、公私不分等等，都必須好好注意，加以改善。「入鄉隨俗」是一句大家都很熟悉的諺語，每個人的舉止言行都是環境的產物，但人是能動可變的。

要改造環境，首先必須適應環境。這點任何人都需要注意。

與人交往時，只要你靜靜的觀察別人，你會發現，下面講到的幾點，就是交際中大部分人公認的惡劣態度。不知你自己是否注意到了這些細節？

就表情而言，應注意的態度，主要有：

自鳴得意的態度，傲慢的態度，不屑的態度 —— 這會傷害對方的自尊心。

不穩定的態度 —— 說一些沒有自信心的話，而使聽的人無法信任你。

卑屈的態度 —— 被視為傻瓜、無能，會讓人低估你的實際能力以至被人從骨子裡看不起，過度熱衷於取悅別人，很難給人留下好印象。

冷淡的態度 —— 使人感覺不親切，缺乏投入感，使人敬而遠之。

不識時務的態度 —— 如在酒席上談論嚴肅的話題，如訴說悲哀的事情時，臉上無任何表情，或只知談論個人興趣，從不理會別人的感覺和反應。

隨便的態度 —— 給人馬馬虎虎、消極的感覺，反應偏激，語氣浮誇粗俗，滿口俚語粗話。

以上所舉的態度，應該隨時注意，應避免這些不良態度在與人交往中表現出來。

就動作而言，應注意的姿勢或動作，主要有：

坐要有坐相，不要隨便左右晃動，如果是女士的話兩腿要併攏；站立時膝蓋要伸直，腰桿要直，不要抖腿，不要撅臀部；不要抓頭搔耳，兩手應自然垂放在兩側，或是輕放在前面；不要玩弄或吸吮手指，盡量不要蹺腳；表情溫和，有親切的眼神和飽滿的精神。

有的人說話時喜歡將手插在口袋裡，有時還坐在桌子上，這都不是好習慣，而是過於散漫、過於隨便的說話習慣。在交談時，將手插在口袋裡，不僅很難令對方接受，而且容易讓人產生不良的印象，尤其是在多數聽眾面前，這種姿態會使周圍的人覺得這位發言者只沉迷於自己的世界之中，而將他人看作較自己低下，且表現欲望非常強，使人感覺到別人不可超越他。不管你有沒有這種傲慢的想法，但這種姿勢，很容易讓人誤以為你就是這樣一種人。

上面說到的，都是年輕人際社交中需要注意的小節，但我們並不是提倡處處都謹小慎微，縮手縮腳，婆婆媽媽。如果有人要鑽牛角尖，要鑽牛角尖，對付這種人最有效的方法便是保持沉默。

工作面前無小事

花崗岩與佛像同處一間廟宇，人們常常踩著花崗岩去拜佛

像，花崗岩覺得很不公平，有一天，它對佛像說：「我們都是從一個採石場裡出來，為什麼人們總是將我踩在腳底而去跪拜你呢？」佛像笑了笑說：「從採石場出來時，你只經過四刀就成形，而我是經過千刀萬鑿才成佛的。」

平時看似普通平凡的工作，只要我們一直堅持下去，就能夠取得很大的成績，以促使我們走向成功，從而改變我們的命運。

《細節決定成敗》裡有這麼一句話：「把簡單的招式練到極致就是絕招。」細微之處見精神。有做小事的精神，才能產生做大事的氣魄。堅持將簡單的工作重複做，而且能把簡單的工作、瑣碎的事情做到最好，就能展現出這份工作存在的意義，這份工作因此變得不平凡，做這份工作的人更是了不起。

從前，美國標準石油公司有一位推銷員叫阿基勃特。他大學畢業後一直找不到工作，某天到標準石油公司應聘時，被告知人員已滿。當他離開時，發現沙發旁邊有一枚大頭針，便把它撿起來隨手放到了桌子上。當人事經理看到這一細節時，便立刻叫他回來說：「你被錄取了。」

進入公司後，儘管出身低微，但他盡心盡職的努力維護公司的聲譽。當時公司的宣傳口號是「每桶標準石油四美元」。於是，不論何時何地，凡是要求自己簽名的文件，阿基勃特都會在簽完名字後，在下面寫上「每桶標準石油四美元」，甚至連書

信和收據也不例外。

由於這種原因，他被大家稱為「每桶四美元」，真名反而沒人叫了。四年後的一天，董事長洛克菲勒無意中聽到此事，便請他吃了一頓飯。當他問阿基勃特為什麼要這樣做時，得到的回答是：「這不是公司的宣傳口號嗎？我想，每多寫一次就可能多一個人知道。」後來，洛克菲勒退休，阿基勃特便成了第二任董事長。

在這家美國最大的石油公司裡，必然是人才濟濟，比他能力強、才華高的人多的是，但卻是他做上了董事長。或許有幸運的成分，但關鍵在於，他處處為公司著想，時時為公司多做一點額外的服務，因此，他就獲得了這樣的獎賞。

工作面前無小事。往往正是人們看起來的「小事」成就了大事。

理智的老闆，常會從細微之處觀察員工，評判員工。比如：站在老闆的立場上，一個缺乏時間觀念的員工，不可能約束自己勤奮工作；一個自以為是，目中無人的員工，在工作中無法與別人溝通合作；一個做事有始無終的員工，他的做事效率實在令人懷疑……一旦你因這些小小的不良習慣，給老闆留下這些印象，你的發展道路就會越走越狹窄。因為你對老闆而言，已不再是可用之人。

如今，社會上的年輕人逐漸變得浮躁起來了，總是不停的

追求各種自己期望的東西，卻對追求過程中的「小」問題極少或者根本不去理會。殊不知，這正是可以帶來好結果的關鍵所在。

很多員工對待工作的態度總是「做得差不多」就可以了，一般是對工作不感興趣，是為了「混」而工作。用類似的心態，又如何能夠關心得到「小」事情呢？這裡給出的建議是，要麼重新選擇工作，要麼在目前這個工作職位上做得非常優秀。更詳細的說有如下三點：

工作上沒有小事。世事皆無「小事」，事事都是工作，只要是能產生工作結果的一部分，無論大小，都值得我們去重視。

密切關心自己的工作流程，只要覺得沒有達到最佳效果，無論是多麼「小」的細節都應該被關心並獲得改善。

差距往往從細節開始，造成不同結果的，通常是那些很容易被忽略的「小」事。任何小事，只要你敢忽略它的存在，它就會在你不注意時給你狠狠一擊。

美國國務卿鮑威爾就把「注重小事」當成人生準則，他目前是美國威望最高的將領和領導人。而另一位美國人，世界上唯一依靠股市成為億萬富豪的華倫‧巴菲特就極其贊同「工作無小事」的觀點，他認為，無論在投資策略還是商務策略上，都必須謹記：「細節決定成敗。」

能夠在那些司空見慣的事情裡，發現值得關心和提升的小事，並能在它們未變成大問題前加以解決，這就是最了不起的

本領，也是成就大事業的關鍵能力之一。

「求人做事」有細節

做事要果斷、大膽，也要心細。交際中的細節，直接關係到交往和做事的成敗，正所謂「成也細節，敗也細節」。精細者常常可以因為重視細節而旗開得勝，粗心者則常因忽略細節而功敗垂成。

要想成功的求得別人的幫助，必須注意兩個細節。第一，誠懇禮貌，即常言所說的精誠所至，金石為開，禮貌待人，鐵心可化，這是求人能夠成功的先決條件。第二，避開忌諱。每個人因個性和生活經歷的不同，對某些言辭和舉動有些顧忌，因此千萬不要去冒犯。

《孫子兵法》上講：「知己知彼，百戰不殆。」這句話同樣適用於這裡。當我們有求於人的時候，首先不妨對那個人的嗜好、性情、學識和經歷等做一番了解，然後從容前往，將會得到意想不到的效果。

交談時，對於對方特別寵愛或引以為榮的人，要表示好感，並表現出極大的興趣。求人的時候最好還是以物質形式作為媒介，可以送給對方其特別喜愛的小禮物，以拉近彼此之間的距離。

有一個年輕人大學剛剛畢業，分配到工作單位後，發現所

從事的工作與所學的專業一點對不上，他不想讓自己幾年來所學的專業知識荒廢掉，於是想求人事科長幫忙調一下工作。在他登門拜訪之前早就探聽了消息，了解到科長有一個獨生女兒，今年剛考入大學，讀中文系。這個年輕人靈機一動，登門拜訪那天拎著一大包書去。科長的女兒正好在家，他也先不提相求之事，只是拿出一本又一本的古今文學名著與科長女兒探討起來，並鼓勵她上了大學要好好讀書，言語間流露出自己大學畢業後，學不為用，丟棄專業的苦惱。臨走，聲明這些名著全當是送與她的獎品。真是不虛此行，他終於討得了科長女兒的滿心歡喜。科長大概也認為不該埋沒了他的才華，應該讓他學以致用吧。不久，他果然調到了滿意的工作職位上。

有許多朋友常常自豪的向人說：「我平時不喜歡求人的。」這一細節將會給人留下很深的印象。人們會認為你是一個性格堅強又頗為自負的人。把這句話掛在嘴邊，是毫無意義的。我們立身處世，雖然應該自力更生，不要輕易求人，但這個社會畢竟是講合作的，有許多事情是獨立難辦成的，一個人的能力畢竟是有限的，當你處於順境的時候，你自然不會想到陷於困苦中的滋味，便輕易妄言自己不求人。殊不知，人生變幻莫測，又怎知前路會沒有重重阻礙呢？

凡是自稱為不願求人的人，往往是交際場上的失敗者。他們這一自誇的細節，往往會招致人們的反感。當你對一個人說：「我不喜歡求人。」即使你的話不是向他說，但聽的人卻認定你

的話是針對他說的。他會感覺你將他拒於千里之外，進而產生疏遠感，甚至還會產生你在鄙視他的能力的感覺。

敏感的人會從「我不喜歡求人」這句話中讀出它的言外之意——「我也不喜歡別人求我」。因為一個以不求人為榮的人是一定會看不起向別人求取恩惠的人的。

交際學家甘頓教人「善意的向人求取一些小惠」，認為這是討人好感的最高法則。每一個人都渴望得到別人的尊敬與重視，如果盡自己所能給予別人一點恩惠，那麼在心底會生出一種想法：我對別人有用，我可以造福於別人。這種想法會給一個人帶來愉悅和幸福感。同時得到恩惠的一方也會因為感激而記著這個施惠者並尊重他。這就是為什麼要善意的向人求取一些小惠的原因，這也是交際法則。

人生一世誰敢擔保自己永遠不求人？新加坡著名女作家尤今曾寫過一篇〈不求人〉的文章，主張「自己盡力而為，不論成功失敗，都心安理得」。

然而，現實生活中有太多無奈，使你不得不去求人。假如你是一位待業青年，希望能找到一份如意的工作；假如你是一個職員，希望能平步青雲；假如你是採訪記者，希望能緊握大人物的手；假如你有急用，希望能籌借到一筆貸款……這許許多多、大大小小的希望便構成了生活。生活迫使你不得不去求助於別人，而是否能得到別人的「扶助」，在基本上又取決於你

有沒有求人的技巧和策略。

　　有些人一提到求人就皺眉頭，甚至羞於開口，他們對求人懷有一定的偏見，認為那一定是卑躬屈膝、低三下四的。其實不然，向別人求取幫助必須是以自尊、自重、自愛為前提的，做到求而不卑、求而不亢、求而不倚。

　　我們誠心誠意的有求於別人，但是不一定人家就能滿足我們的要求，當我們遭到拒絕時，不要過度追究原因。的確，被拒絕的滋味是很不好受的，任何人都想知道原因，但是如果窮追不捨的纏住對方，非問清原因不可，則往往會破壞雙方的感情。

　　你求人不得時，也不要過度堅持。對方既已拒絕，必有原因。如果過度堅持自己的要求，不但會使對方為難，而且也會使自己陷入被動。人生不如意的事很多，又何必在區區小事上計較個沒完沒了呢？被人拒絕後要做到豁達大度，不抱成見。

　　當你會意出對方拒絕的心理時，不妨自己把話打斷，乾脆表示沒關係，反過來再安慰對方幾句，請他不必介意。對方就會因感動而過意不去，說不定以後會很主動的幫助你呢！

　　人生在世，既有風雨也有晴天，所以誰都需要別人的「扶助」，不過，我們求人時千萬不要「跪著」，而要做到求而不卑，求而不亢，求而不倚，這樣才能成就大事。

大處著眼，小處著手

「把每一件簡單的事都做好就是不簡單。」這是對待工作的態度問題，在工作中，沒有任何一件事情，小到可以被拋棄，沒有任何一個細節，細到應該被忽略。大事是由眾多的小事累積而成的，忽略了小事就難成大事。從小事開始，逐漸鍛鍊意志，增長智慧，日後才能做大事，而眼高手低者，是永遠做不成大事的。

做人不應忽略小事，小事能夠展現一個人的做人原則。畢竟在人的一生中，需要自己表現原則的關鍵時刻並不多。做人做得怎麼樣是可以從平時的小事上看出來的，那些平時在小事上就撒謊成性、推三阻四的人怎麼能指望他在關鍵的時刻表現出很高的原則性來呢？

很多年輕人在找工作時，十分注意自己的個人形象，他們穿戴整齊，舉止彬彬有禮。但是，很多年輕人卻會屢次碰壁，這是為什麼呢？因為他們忽略了個人形象的細節。

有些人求職時用手寫的履歷，但字跡潦草，像「天書」一樣令人看不懂。這會讓用人公司認為你是一個不嚴謹的人，工作起來也有可能馬馬虎虎，所以只好放棄。而許多企業在招聘時，也把手寫履歷的字跡是否工整、清晰、漂亮，作為篩選人才的第一步。

此外，在面試時還要注意自己的言談舉止，不要過於賣弄

才學，以免表現得與自己的身分顯得很不相稱，令人不敢恭維。

　　劉強與公司約好下午兩點五分面試的，可是他直至兩點十二分才到。櫃台小姐把他帶去面試時，面試的經理還沒問什麼呢，他就開始解釋說路上車堵了好長時間，真沒辦法。面試剛開始三分鐘，手機鈴聲響起來了，劉強習慣性的接聽了電話，像是旁若無人。只聽他說「這件事不是跟您說多少次了嗎？你直接問總經理就行了……」談到一個專業問題時，面試官問這樣做可行嗎？劉強回答：我說這樣做就肯定沒問題的，這方面我有十幾年工作經驗了。結果，雖然對方對於他的業務能力表示認可，但因其不注重細節，誰敢錄用？

　　企業在用人時，特別注重應聘者的行為細節。一個不注重細節的年輕人，即便很有專業能力，指望他以後能給企業帶來多大的價值也是很難的事。說不定，還會因一件小事讓公司大受損失呢。

　　現實生活中，有無數年輕人因為養成了輕視工作、馬馬虎虎、對工作不盡職盡責的習慣，以及敷衍了事的態度，終致一生不能出人頭地。

　　一個年輕人養成敷衍了事的惡習後，做起事來往往就會不誠實。這樣，人們最終必定會輕視他的工作能力，進而輕視他的人品。粗劣的工作，必會帶來粗劣的生活。工作是人們生活的一部分，做粗劣的工作，不但使工作的效率降低，而且還會

使人喪失做事的才能和動力。所以，粗劣的工作，實在是摧毀理想、墮落生活、阻礙前進的仇敵。

實現成功的唯一方法，就是在做事的時候，抱著非做成不可的決心。抱著追求盡善盡美的態度。而世界上創立新理想、新標準，扛著進步的大旗、為人類創造幸福的人，都是具有這種素養的人。

有人曾經說過：「輕率和疏忽所造成的禍患是不相上下的。」

許多年輕人之所以失敗，就是敗在做事不夠盡責、過於輕率這一點上。這些人對於自己所做的工作從來不會要求盡善盡美。

有許多的年輕人，似乎不知道職位的晉升，是建在忠實履行日常工作職責的基礎上的。只有目前所做的職業，才能使他們漸漸的獲得價值的提升。

有許多年輕人在尋找發揮自己本領的機會。他們常這樣問自己：「做這種乏味平凡的工作，有什麼希望呢？」可是，就是在這極其平凡的職業和極其低微的位置上，往往藏著極大的機會。只要把自己的工作，做得比別人更完美、更迅速、更正確、更專注，調動自己全部的智力，從工作中找出新方法來，這樣才能引起別人的注意，從而使自己有發揮本領的機會，滿足心中的願望。所以，不論薪水有多微薄，都不可以輕視和鄙棄自己目前的工作。

在做完一件工作以後，應該這樣說：「我願意做這份工作，我已竭盡全力、盡我所能來做這份工作，我更願意聽取大家對我工作的批評。」

成就最好的工作，需要經過充分的準備，並付諸最大的努力。英國的著名小說家狄更斯，在沒有完全準備好要選讀的材料之前，絕不輕易在聽眾面前誦讀。他的規矩是每日把準備好的材料讀一遍，直到六個月以後讀給大眾聽。法國著名小說家巴爾札克有時為了寫一頁小說，會花上一星期的時間。

大事件是可遇而不可求的，小事情卻每天都在發生。順利、妥當而又快樂的去處理每件小事是容易的，但每天都能順利、妥當而又快樂的去處理一件小事卻是十分困難的。如果一輩子都無怨無悔、謹慎小心、愉悅歡快的去處理一件又一件小事，那大概要比做一件大事還要難。

許多年輕人做了一些粗劣的工作，藉口往往是時間不夠，其實按照各人日常的生活，都有著充分的時間，都可以做出最好的工作。如果養成了做事務求完美、善始善終的好習慣，人的一輩子必定會感到非常的滿足，而這一點正是成功者和失敗者的最大區別。成功者無論做什麼，都力求達到最佳境地，絲毫不會放鬆；成功者無論做什麼工作，都會盡職盡責的去完成。

不要小看微笑的價值

現實的工作、生活中，一個人對你冷漠以對；另一個人對你面帶笑容，溫暖如春，他們同時向你請教一個工作上的問題，你更歡迎哪一個？當然是後者，你會毫不猶豫的對他知無不言，言無不盡，問一答十；而對前者，恐怕就恰恰相反了。而這一細節，卻常為人們所忽略。

微笑是盛開在人們臉上的花朵，是一份能夠獻給渴望愛的人們的禮物。當你把這種禮物奉獻給別人的時候，你就能贏得友誼，還可以贏得財富。

一家信譽特好的大花店，以高薪聘請一位售花小姐，招聘廣告張貼出去後，前來應聘的人如過江之鯽。經過幾番口試，老闆留下了三位女孩讓她們每人經營花店一週，以便從中挑選一人。這三個女長得都如花一樣美麗，一人曾經在花店插過花、賣過花，一人是花藝學校的應屆畢業生，餘下一人只是一個待業青年。

插過花的女孩一聽老闆要讓她們以一週的實踐成績為應聘條件，心中竊喜，畢竟插花、賣花對於她來說是輕車熟路。每次一見顧客進來，她就不停的介紹各類花的象徵意義以及給什麼樣的人送什麼樣的花，幾乎每一個人進花店，她都能說得讓人買去一束花或一籃花，一週下來，她的成績不錯。

花藝女生經營花店，她充分發揮從書本上學到的知識，從

插花的藝術到插花的成本，都精心琢磨，她甚至聯想到把一些斷枝的花朵用牙籤連接花枝夾在鮮花中，用以降低成本……她的知識和她的聰明為她一週的鮮花經營也帶來了不錯的成績。

待業女青年經營起花店，則有點放不開手腳，然而她置身於花叢中的微笑簡直就是一朵花，她的心情也如花一樣美麗。一些殘花她總捨不得扔掉，而是修剪修剪，免費送給路邊行走的小學生，而且每一個從她手中買去花的人，都能得到她一句甜甜的軟語──「鮮花送人，餘香留己。」這聽起來既像女孩為自己說的，又像是為花店講的，也像為買花人講的，簡直是一句心靈默契的心語……儘管女孩努力的珍惜著她一週的經營時間，但她的成績比前兩個女孩相差很大。

出人意料的是，老闆竟然留下了那個待業女孩。人們不解──為何老闆放棄能為他賺錢的女孩，而偏偏選中這個縮手縮腳的待業女孩？

老闆如是說：用鮮花賺再多的錢也只是有限的，用如花的心情去賺錢才是無限的。花藝可以慢慢學，可如花的心情不是學來的，因為這裡面包含著一個人的氣質、品德以及情趣愛好、藝術修養……

微笑是笑中最美的。對陌生人微笑，表示和藹可親；產生誤解時微笑，表示胸懷大度；在窘迫時微笑，有助於沖淡緊張氣氛和尷尬的境地。微笑是一種健康文明的舉止，一張甜蜜微

笑的臉，會讓人愉快和舒適，帶給人們熱情、快樂、溫馨、和諧、理解和滿足。微笑展示人的氣度和樂觀精神，烘托人的形象和風度之美。

為什麼小小的微笑在人際社交中會有如此大的威力？原因就在於這微笑背後傳達的資訊：「你很受歡迎，我喜歡你，你使我快樂，我很高興見到你。」

世界著名的希爾頓大酒店的創始人希爾頓先生的成功，也得益於他母親的「微笑」。母親曾對他說：「孩子，你要成功，必須找到一種方法，符合以下四個條件：第一，要簡單；第二，要容易做；第三，要不花本錢；第四，能長期運用。」這究竟是什麼方法？母親笑而未答。希爾頓反覆觀察、思考，猛然想到了：是微笑，只有微笑才完全符合這四個條件。後來，他果然用微笑敲開了成功之門，將酒店開到了全世界的大都市。

難怪一位商人如此讚嘆：「微笑不用花錢，卻永遠價值連城。」

對我們每一個人來說，微笑輕而易舉，卻能照亮所有看到它的人，像穿過烏雲的太陽，帶給人們溫暖。讓我們微笑吧，微笑著面對生活，面對周圍的人：每天早晨上班前對你的家人微笑，他們就會在幸福中盼著你的歸來；上班時向警衛微笑著點個頭，他會友善的還你一個欣賞和尊敬的微笑；每天遇到同事主動微笑，打個招呼，你也會人氣急升……

每一次奉獻出微笑的時候，你就為人類幸福的總量增加了一分，而這微笑的光芒也會返照到你的臉上，給你帶來方便、快樂和美好的回憶，何樂而不為呢？

常微笑的人，總會有希望。因為一個人的笑容就是他善意的信使，他的笑容可以照亮所有看到他的人。沒有人喜歡幫助那些整天皺著眉頭、愁容滿面的人，更不會信任他們。而對於那些受到上司、同事、客戶或家庭的壓力的人，一個笑容卻能幫助他們了解一切都是有希望的，也就是世界是有歡樂的。只要活著、忙著、工作著，就不能不注重微笑的細節……

檢點言行，注重小節

俗話說：「站有站相，坐有坐相」，古人很早就對人的舉止行為做過要求。隨著人類文明的提高，人們對自身行為的認識也日益加深。禮貌的舉止行為既是個人修養，也是無形的財富。

有些人認為，做一番大事業便要轟轟烈烈，而不能拘泥於小節。殊不知，正是因為這些最易被人忽視的小事卻成了引起禍患的根源。

其實，在生活中這樣的例子很多：

「挑戰者號」太空梭空中爆炸，太空人命喪太空，是由於機身上一道焊縫沒有焊好；幾年前美國潛艇浮出水面時撞翻日本漁船，造成船毀人亡，原因是潛艇上的操作人員一個細小的操

作失誤；有人從高層住宅上隨手扔下一個酒瓶，結果將從樓下經過的行人砸死；一家度假村不在透明玻璃門上做警示標記，結果讓奔跑的小孩一頭撞上，受了重傷；世界上許多森林大火，也往往是有人亂扔菸頭造成的……

從以上的事實，我們不難看出，無論做什麼，都隨便不得，正所謂「防微杜漸」。

著名相聲演員馬三立曾講過這樣一個笑話：有一位有心臟病的老者住樓下，樓上住一位年輕人。年輕人晚上回來時腳步重，動靜大，老者總是聽到：噔噔噔 —— 上樓梯了；咣當 —— 開門了；嘩嘩嘩 —— 盥洗呢；最要命的是上床時脫皮鞋，先脫一隻，一扔，咣！老者心一哆嗦。再脫另一隻，一扔，咣！老者心再一哆嗦；這兩哆嗦過了，才算安靜下來，老者才能入睡。老者脾氣好，一直忍著，可夜夜如此也受不了呀！這天，見了年輕人，老者就和年輕人說了，年輕人態度挺好，虛心接受。可到了夜裡，老者聽著那動靜又來了 —— 噔噔噔！咣當！嘩嘩嘩！老者想，忍著吧，不就兩聲嗎？咣！一聲。老者等第二聲，奇怪，怎麼不響了？老者這個心懸哪，就等著第二聲響過好入睡，等了一宿，都沒響 —— 原來年輕人脫另一隻鞋時，突然想起了老者白天的建議，就輕輕的把鞋放在了地上……

這雖然只是個笑話，卻讓人回味無窮。百戶住社區大樓，你小處隨便，通道亂堆東西，夜裡把電視機音量放到最大，從窗戶往外隨意扔垃圾，你覺得沒什麼，可是別人怎麼辦？如果

人人都如此，豈不天下大亂了。

我們從細節很容易看到一個人的修養與素養，這是做人的一個入口同時也是缺口。我們所做的許多「小」事實際上是在抵消別人的勞動成果。亂扔垃圾，清潔人員的勞動就白費了。遇到火災圍觀看熱鬧，反而給消防隊員添麻煩，只會加大火災的損失。開會遲到，你耽誤的是大家的時間，而在今天這個講求效率和守時的時代，你顯然與之不合群……

所以，我們應該從一點一滴做起，今天做的每一件小事，可能就是你今後成就大事的開始。

細微之處方見真功夫

世上無小事，許多所謂的小事其實是在為你打基礎，沒有打好穩固的地基，又怎樣蓋起堅實的大廈呢？

老子曾說：「天下難事，必做於易；天下大事，必做於細。」這句話精闢的指出了想成就一番事業，必須從簡單的小事情做起，從每一個細節入手。

明朝萬曆年間，北方的女真族為患。皇帝為了抵禦強敵，決心整修萬里長城。當時號稱天下第一關的山海關因年久失修，其中「天下第一關」的題字中的「一」字已經脫落多時。萬曆皇帝募集各地書法名家，希望恢復山海關的本來面貌。各地名士聞訊，紛紛前來揮毫，但是沒有一個人的字能夠表達出天

下第一關的原味。皇帝於是再次下詔，只要能夠雀屏中選的，就能夠獲得重賞。經過嚴格的篩選，最後選中的，竟是山海關旁一家客棧的店小二，真是令人跌破眼鏡。

在題字當天，會場被擠得水洩不通，官家也早就備妥了筆墨紙硯，等候店小二前來揮毫。只見主角抬頭看著山海關的牌樓，捨棄了狼毫大筆不用，拿起一塊抹布往硯台裡一蘸，大喝一聲：「一！」十分乾淨俐落，立刻出現絕妙的「一」字。旁觀者莫不給予驚嘆的掌聲。有人好奇的問他：為何能夠如此嫻熟。他被問之後，久久無法回答。後來勉強答道：「其實，我想不出有什麼祕訣，我只是在這裡當了三十多年的店小二，每當我在擦桌子時，我就望著牌樓上的『一』字，一揮一擦，就這樣而已。」

原來這位店小二，他的工作地點正好面對山海關的城門，每當他彎下腰，拿起抹布清理桌上的油汙之際，剛好這個視角正對準「天下第一關」的「一」字。因此，他不由自主的天天看、天天擦，數十年如一日，久而久之，就熟能生巧、巧而精通，這就是他能夠把這個「一」字臨摹到爐火純青、唯妙唯肖的原因。

老子還說：「治大國若烹小鮮。」老子將治理國家比作烹調小魚一樣，只有將調味料放得適中，文火烹煮，不著急，不躁動，這樣煮出的東西，才色鮮味美；如火候不對，調料不對，內心煩躁，下鍋後急於翻動，東一下，西一下，最後煮出的東

第五章　細節決定成敗，小事成就大事

西就會「一團糟」，色、香、味就更談不上了。可見，細微之處方見真功夫。

成功在於一點一滴的磨練

　　成功，有時只需要我們多一點堅持，少一點放棄；多一點磨練，少一點退縮。尤其是在工作中，勝利的到來往往就在最後五分鐘。許多人之所以與幸福之神失之交臂，就在於他們在點點滴滴的砥礪中輕易就選擇了與自己妥協！成功，永遠屬於偉大的堅韌者。

　　一位年輕人畢業後被分配到一個海上油田鑽井隊。在海上工作的第一天，領班要求他在限定的時間內登上幾十米高的鑽井架，把一個包裝好的漂亮盒子送到最頂層的主管手裡。他拿著盒子快步登上高高的狹窄的舷梯，氣喘吁吁、滿頭是汗的爬上頂層，把盒子交給主管。主管只在上面簽下自己的名字，就讓他送回去。他又快速跑下舷梯，把盒子交給領班，領班也同樣在上面簽下自己的名字，讓他再送給主管。

　　他看了看領班，猶豫了一下，又轉身爬上舷梯。當他第二次登上頂層把盒子交給主管時，已渾身是汗、兩腿發顫，主管卻和上次一樣，在盒子上簽上名字，讓他把盒子再送回去。他擦擦臉上的汗水，轉身走向舷梯，把盒子送下來，領班簽完字，讓他再送上去。

210

這時他有些憤怒了，他看看領班平靜的臉，盡力忍著不發作，又拿起盒子艱難的一個台階一個台階的往上爬。當他上到最頂層時，渾身上下都溼透了，他第三次把盒子遞給主管，主管盯著他，傲慢的說：「把盒子打開。」他撕開外面的包裝紙，打開盒子，裡面是兩個玻璃罐，一罐咖啡，一罐奶精。他憤怒的抬起頭，雙眼噴著怒火，射向主管。

主管又對他說：「去泡杯咖啡。」年輕人再也無法忍受了，「叭」的一下把盒子扔在地上：「我不做了！」說完，他看看倒在地上的盒子，感到心裡痛快了許多，剛才的憤怒全釋放了出來。

這時，這位傲慢的主管站起身來，直視他說：「剛才讓你做的這些，叫做極限承受訓練，我們因為在海上作業，隨時會遇到危險，這就要求隊員一定要有極強的承受力，只有承受各種危險的考驗，才能完成海上作業任務。前面三次你都通過了，可惜，只差最後一點點，你沒有喝到自己泡的香醇咖啡。現在，你可以走了。」

年輕人懊悔的離開了，但是他卻從這件事上吸取了教訓，立志一定要做一番事業。經過幾年的艱苦拚搏後，他成了一名油田鑽井隊的隊長。

一個人要建功立業，需要從一件件平平常常、實實在在的小事做起，正所謂「千里之行，始於足下」。那種視善小而不為，認為做小善之事屬「表面化」與「低層次」的眼高手低的

人，那種長明燈前懶伸手、老弱病殘不願幫的「不拘小節」的人，要成就大業也難矣。

於細處可見不凡，於瞬間可見永恆，於滴水可見太陽，於小草可見春天。說的都是一些「舉手之勞」的事情，但不一定人人都願「舉手」，或者有人偶爾為之卻不能持之以恆。可見，「舉手之勞」中足以折射出人的崇高與卑微。

是的，人生路上，雖然誰也無法準確預測我們最終的成功機率是多少，但是，我們卻要盡可能的確定自己所追求的成功的具體目標，因為，我們是在計畫自己的命運，越是具體，就越是向成功靠近了一步。

先做小事，賺小錢

人要學會從小事做起，小事的累積就會形成大事。能賺錢者，大所是從賺小錢開始的，從小事中累積經驗，摸索規律，循序漸進。一室不掃，安能掃天下。

從賺小錢開始，可以培養你的自信。小錢容易賺到，你就會對自己的能力有所了解，你就會相信自己能賺到錢。

「先做小事，先賺小錢」還可培養自己誠實的做事態度和金錢觀念，這對日後「做大事，賺大錢」以及一生都有莫大的助益。

「先做小事，賺小錢」，這句話許多年輕人都不愛聽，因

為每個年輕人都是雄心萬丈，一踏入社會就想「做大事，賺大錢」。

左右世界金融市場的年輕富翁戈德曼，五歲時，父親離異。他母親帶著他改嫁。十歲的戈德曼，在暑假期間，每逢星期日凌晨四點就起床，把烤麵包片和早報分送到各家，這樣，每個星期天都能賺上二十五美元。只要有賺錢的機會他從不放過，哪怕只賺一美分。

很多人一開始就擺出一副要賺大錢的架勢，小錢看不上，結果常常什麼也沒賺到。

賺大錢是要有大資本大後台大才智，還要有大機運，而我們一般人是沒有這些條件的。

其實，很多大企業家大富翁，都是從小職員做起，從賺小錢起家的。

賺小錢不需要太大的本錢，不需承受太大的風險。

賺小錢可以為賺大錢累積經驗。

賺小錢還可以培養自己踏踏實實做事的態度和習慣。

有時候小錢也不是那麼輕而易舉就可以賺到的，也需要付出艱苦的努力和代價。

克里蒙‧史東是「聯合保險公司」的董事長，他被譽為「保險業怪才」。

史東幼年喪父，很小的時候，就出去販賣報紙了。有一次

他溜進餐館叫賣報紙，被老闆趕了出來。他趁老闆不注意的時候，又溜了進去，這次老闆把他踢了出來，但他仍不甘休。餐廳裡的客人看不下去，紛紛勸住老闆，並且買他的報紙。史東雖然屁股很疼，但是口袋裡卻裝滿了錢。

後來史東上中學了，他開始試著去推銷保險。當他來到一幢大樓前，童年時的情景就出現在眼前。他對自己說：「不要怕，即使被趕出來也不要緊，再進下一間。」

他走進了這幢大樓的辦公室，而且每一間辦公室他都去了，他沒有被踢出來。如果在這間辦公室裡沒有收穫，他會毫不遲疑的強迫自己立即衝進下一個辦公室，不讓自己因為有害怕的時間而放棄努力。

他就是這樣不怕失敗，而且笑對挫折。

第一天，有兩個人向他買了保險。

第二天，他賣出了四份。

第三天，他賣出了六份。

第四天……就這樣，他的事業開始了。

二十四歲的時候，史東設立了只有他一個人的保險經紀社，開業的第一天生意就不錯，此後，經紀社越發展越大。一九三〇年代，史東成了百萬富翁，談及創業史時，他說：「如果你以堅定的主觀態度面對艱苦，反而能從中找到好處。」

立「做大事，賺大錢」的志向是沒錯的，因為這個志向可以

引導一個人不斷向前奮進。

「先做小事，先賺小錢」最大的好處是可以在低風險的情況下累積工作經驗，同時也可藉此了解自己的能力。做小事既然得心應手，那麼就可做大一點的事，賺小錢既然沒問題，那麼賺大錢就不會太難，何況小錢賺久了，也可累積成「大錢」。

千萬別自大的認為自己是個「做大事，賺大錢」的人，而不屑去做「小事」、賺「小錢」，要知道，連小事都做不好，連小錢都不願意賺或賺不來的人，別人是不會相信你能做大事、賺大錢的。如果你抱著這種只想「做大事，賺大錢」的心態去做事，那麼失敗的可能性很高。

人的一生不求大富大貴，實實在在從小錢賺起，一點一點累積，在賺錢的過程中體驗人生的滋味，才有成功的感覺，才有創造的快樂。

第六章
有正確態度，才能有正確方法

無論是企業老闆、管理人員，還是一般員工，大凡做事
都有兩種境界：一種是做對的事情，一種是把事情做對。
在企業經營的實戰中，只有具備「做對的事情」的觀念，
才能把自己造就成穩操勝券的「常勝將軍」。先「做對的
事情」，然後再「把事情做對」。如果方向錯了，那麼不管
過程怎麼完美，都會事倍功半，甚至會出現「南轅北轍」
的結果。

竭盡所能把工作做好

俄國作家列夫・托爾斯泰說：「如果你做某事，那就把它做好；如果不會或不願做它，那最好不要去做。」對於年輕人來說，從走入職場的那一天起，便已經選擇了接受，接受了一份工作，接受了一份責任。員工的義務便是盡職盡責，竭盡所能把工作做好。如果一名員工沒有這種認知，怠忽職守，敷衍了事，就會埋下禍患的種子。

作為一名年輕的員工，我們每個人都肩負著一定的職責，每一個人的職責連綴起來，就構成了團體的職責。任何一個職位的疏忽和延誤，都不可小視。

年輕人無論從事何種職業，都應該盡心盡責，盡自己最大的努力，求得不斷的進步。這不僅是工作的原則，也是人生的原則。

忠於職守是一個人價值和責任感的最佳展現。無論是在一個企業，還是在行政部門，不同職位的人儘管擁有不同的職位職責，但都是對工作勤勤懇懇，任勞任怨。

王明是一家工廠的倉管，平日裡也沒有什麼繁重的工作可做，無非就是按時關燈，關好門窗，注意防火防盜等，但王明卻是一個做事非常認真的人，他並沒有因職位的低微而放棄自己的職責，相反，他做得超乎常人的認真，他不僅每天做好來往的工作人員取貨日誌，將貨物有條不紊的放整齊，還從不間

斷的對倉庫的各個角落進行打掃清理。他常掛在嘴邊的一句話就是「職位雖小，但責任大」。憑著這份難得的責任心，三年過去，倉庫居然沒有發生一起失火竊盜案件，其他工作人員每次提貨也都會在最短的時間裡找到所要的貨物。

年終，在全體員工大會上，鑒於王明在平凡職位上所做出的不平凡業績，廠長按老員工的級別親自為他頒發了三萬元獎金。這種做法使好多老員工不理解，王明才來廠裡三年，憑什麼能夠拿到這個老員工的獎金？他是不是廠長的什麼親戚？王明是不是有背景？一時間，人們議論紛紛。

廠長看出了存於大家心裡的疑問，也看出了他們不滿的神情，於是說道：「你們知道我這三年中檢查過幾次我們廠的倉庫嗎？一次都沒有！這不是說我工作沒做到，其實我一直很了解我們廠的倉庫保管情況。作為一名普通的倉管，王明能夠做到三年如一日的不出差錯，而且積極配合其他部門的人員的工作，對自己的職位忠於職守，比起一些老員工來說，王明真正做到了愛廠如家，我覺得這個獎勵他當之無愧！」

從王明的工作經歷中，我們明白了這樣一個道理，成功隱藏在每天的日常工作中，換句話說，對工作負責，即便是企業中微不足道的工作，也要百分百的盡職盡責，這是人生的一種境界，當這種信念貫穿在一個人的整體意識當中，漸漸就會演變成為一種處世的態度，而這種持之以恆的力量所帶來的巨大成功，也許是你始料不及的。

第六章　有正確態度，才能有正確方法

只要你在自己的位置上真正領會到「認真負責」四個字的重要性，踏踏實實的完成自己的任務，不論職位高低，都能兢兢業業，那麼，你遲早會得到回報的。

一份英國報紙刊登一則招聘教師的廣告：「工作很輕鬆，但要全心全意，盡職盡責。」

事實上，不僅教師如此，所有的工作都應該全心全意、盡職盡責才能做好。而這正是敬業精神的基礎。

一個年輕人無論從事何種職業，都應該盡心盡責，盡自己的最大努力，求得不斷的進步。這不僅是工作的原則，也是人生的原則。如果沒有了職責和理想，生命就會變得毫無意義。無論你身居何處（即使在貧窮困苦的環境中），如果能全身心投入工作，最後就會獲得經濟自由。那些在人生中取得成就的人，一定在某一特定領域裡進行過堅持不懈的努力。

知道如何做好一件事，比對很多事情都懂一點皮毛要強得多。

在德克薩斯州一所學校作演講時，一位總統對學生們說：「比其他事情更重要的是，你們需要知道怎樣將一件事情做好；與其他有能力做這件事的人相比，如果你能做得更好，那麼，你就永遠不會失業。」

一位先哲說過：「如果有事情必須去做，便全身心投入去做吧！」另一位明哲則道：「不論你手邊有何工作，都要盡心盡力

的去做！」

做事情無法善始善終的年輕人，其心靈上亦缺乏相同的特質。他不會培養自己的個性，意志無法堅定，無法達到自己追求的目標。一面貪圖玩樂，一面又想修行，自以為可以左右逢源的年輕人，不但享樂與修道兩頭落空，還會悔不當初。從某種意義而言，全心追名逐利比敷衍修行好。

總之，作為年輕的員工，要想在公司處於無可取代的地位，只有以最大的責任心和最認真的訓練有素的技能盡職盡責，為公司充分發揮自己的力量。

鮮花和掌聲屬於忠誠的人

班傑明‧富蘭克林說過：「如果說，生命力使人們前途光明，團體使人們寬容，腳踏實的使人們現實，那麼深厚的忠誠感就會使人生正直而富有意義。」

同樣還有一句話：「一個人無論什麼原因，只要失去了忠誠感，就失去了人們對你最根本的信任。」確實如此，不要為自己所獲得的利益沾沾自喜，仔細想想，失去的遠比獲得的多，而且你所獲得的東西可能最終還不屬於你。如同員工損公肥私、腐敗瀆職、結黨營私、出賣企業機密、損害公司形象、破壞企業財產等，這都是我們看得見的不忠誠，也是常常受譴責和防範的不忠誠行為。而員工消極怠工、應付工作、不盡其力、把

工作當形式或把形式當工作、能做好而不做好、壓制排斥下屬、拉幫結派的行為，也是對企業不忠誠的隱性表現。

所以說擁有忠誠就擁有了競爭力，我們所講的德才兼備，當然也是以德為先的，而最大的德莫過於忠誠。具有良好的道德素養就是我們一生最寶貴的財富，這種財富不會隨著時間的流逝而消失，只要你遵守人性道德，它將成為你永久的優勢和財富。

所以忠誠這種資源，表面上看，它似無形，可就是這看似無形的力量將會影響你的人生。儘管現如今的商品化社會影響了很多年輕人做人的原則，流行著「一切向錢看」，而忠誠、善良等一些美德卻被人拋棄，恰恰自古就有物以稀為貴的說法，越稀有的東西，就越有價值。無論何時，無論何地，只要你擁有了高尚的品格，它就如同隱藏在你身上的金子一樣，或許會一直默默無聞，並沒有讓你與人交往的初始變得與眾不同。但它卻是經得住考驗的，久而久之，任何人也掩蓋不了它的光芒，也能點亮你的前途。

有這樣一個故事，說的是一隻叫歡歡的小狗找工作，辛苦了好多天，卻沒有收穫。牠垂頭喪氣的向媽媽訴苦說：「我真是個一無是處的廢物，沒有一家公司肯要我。」

媽媽奇怪的問：「那麼，蜜蜂、蜘蛛、百靈鳥和貓呢？」

歡歡說：「蜜蜂當了空姐，蜘蛛在做網路，百靈鳥是音樂學

院畢業的,所以當了歌星,貓是警官學校畢業的,所以當了保安。和他們不一樣,我沒有接受高等教育的經歷和文憑。」

媽媽繼續問道:「還有馬、綿羊、母牛和母雞呢?」

歡歡說:「馬能拉車,綿羊的毛是紡織服裝的原料,母牛可以產奶,母雞會下蛋。和他們不一樣,我是什麼能力也沒有。」

媽媽想了想,說:「你的確不是一匹拉著戰車飛奔的馬,也不是一隻會下蛋的雞,可是你不是廢物,你擁有忠誠。雖然你沒有受過高等教育,本領也不大,可是,一顆誠摯的心就足以彌補你所有的缺陷。記住我的話,兒子,無論經歷多少磨難,都要珍惜你那顆金子般的心,讓它發出光來。」

歡歡聽了媽媽的話,用力的點點頭。

在歷盡艱辛之後,歡歡不僅找到了工作,而且當上了行政部經理。鸚鵡不服氣,去找老闆理論,說:「歡歡既不是國立大學的畢業生,也不懂外語,憑什麼給他那麼高的職位呢?」

大象老闆冷靜的回答說:「很簡單,因為他的忠誠。」

每個老闆都希望自己的員工忠誠、敬業、服從。對於他們而言,年輕員工加入公司是一種要求絕對忠誠的行為,這是在經營管理過程中需要反覆傳播和灌輸的理念。

在我們的一生中,最需要的就是尋找一項適合自己的終身事業。但這並不是說自己的大半生都在從事的工作。它能給我們帶來快樂、發展、財富甚至成功。它可以使我們全身心的投

入，同時也能給我們相對的回報。

　　要想使自己的精神獲得安寧，最好的辦法就是找一個踏實穩定的目標。一位成功學家說：「如果你是忠誠的，你就會成功。」只有忠誠於你的工作，你的全部智慧和精力可以專注在這個事業上。一個對自己職位忠誠的人，不只是忠於他自己的理想，忠於一個公司，忠於一個行業，而且還是忠於人類幸福的。

　　忠誠，這一美德，可以引導我們獲得榮耀、名聲及財富。忠誠能給我們帶來自我滿足、自我尊重，是一天二十四小時都伴隨我們的精神力量。作為一種成功者的特質，忠誠和專心致志是一對孿生兄弟。

　　老闆最明白忠誠的價值，只要你忠誠的投入到工作中，就能贏得老闆的信賴，從而獲得晉升的機會，在這樣一步一步前進的過程中，我們就不知不覺提高了自己的能力，爭取到成功的砝碼。相反，表裡不一，言而無信的人，一邊為公司做事，一邊打起了自己的小算盤，耍兩面派，即使一時得意，但最終還是害了自己。

　　忠誠於公司，跟老闆的利益一致化，榮辱與共，全心全意為老闆做事，把工作當成自己的事業去追求，公司成功了，自己自然也就贏得了成功。

　　安琪是一家文化公司的普通職員，從事電腦打字，影印之類的工作，她的工作室與老闆的辦公室之間只隔著一塊大玻

璃，她只要願意，一抬頭就可以看到老闆的舉止，但她從不向那邊多看一眼。

安琪每天都有做不完的工作，她知道只有忠誠勤勉的工作，才能為公司創造效益，為自己改變現狀。她處處為公司打算，影印紙從不捨得浪費一張，如果不是要緊的文件，她會把一張影印紙雙面使用。一年後，公司的資金短缺，員工薪資開始告急，員工紛紛跳槽，最後公司只剩下幾個人了。

這時，安琪並沒有隨波逐流，她知道在公司的危急關頭，不能置之漠然，而應該主動承擔更多的任務，與老闆共度患難。安琪在主動完成任務的同時，還積極研究市場的企劃方案，兩個月後，她的企劃方案，成功的為公司拿到了兩千八百萬元的支票，公司終於有了起色。以後的四年，安琪作為公司的副總經理，幫著老闆做了好幾個大專案，又忙裡偷閒，炒了大半年股票，為公司淨賺了五百萬元。許多炒股高手問她是如何成功的，她嫣然一笑說：「一要用心，二沒私心。」

是的，在職場中耕耘奮鬥的我們一定要真心實意的為老闆做事，心胸寬廣，誠懇踏實，這樣你才能像安琪一樣獲取成功。從安琪的身上，我們可以看到忠誠的魅力，它是一個員工的優勢和財富，它能換取老闆的信任與坦誠。如果你有了忠誠的美德，總有一天，你會發現它會成為你巨大的財富。

忠誠，也是年輕人的做人之本。如果你失去了忠誠，遺失

了這項做人的本質，同時你也就失去了成功的機會。

忠誠不是從一而終，而是一種職業的責任感。不是對某公司或者某人的忠誠，而是一種職業的忠誠，是承擔某一責任或者從事某一職業所表現出來的敬業精神。

對於老闆來說，越往高處走，對忠誠度的需求就越高；相對的，我們的忠誠度越高，就越有可能獲得提升。由此可見，忠誠對於一個職業人士來說，是多麼的重要！讓我們忠誠的做人，忠誠的做事，攀登成功的高峰！鮮花和掌聲永遠屬於忠誠於職業的人！

要培養忠誠的素養，員工首先要認識到，忠誠並不僅僅是對某個人或某項工作的忠心，更是一種敬業精神；是對工作負責的職業精神。身處某個職位，就需要認真做好應該做的事，不能僅僅把目光停留在個人得失上。沒有這種對待工作的忠誠態度，就不可能把工作做好。

每個年輕人的工作都可能遇到坎坷曲折，總是不可避免要換工作，但是明智的換工作才真正有利於個人的發展。忠誠的員工是不會頻頻跳槽的，他們往往對工作表現出極大的興趣，為工作鞠躬盡瘁，而不會為了短時間的利益而隨便跳槽。這樣的態度也往往能夠贏得老闆的信任，得到重視，從而得到更適合自己的位置。

員工要有主人翁意識，時刻注意維護公司的利益。一個有

著良好職業道德的員工；會把公司當作是自己的家一樣愛護，不會做有損公司利益的事。在看到公司的利益受損時，能夠勇敢的站出來維護。要做到維護公司利益就要能夠盡職盡責的做好本職工作，主動承擔工作責任，不做違反職業精神和有損企業形象的事情。還要從每一件小事上加以注意，不要因為小事影響了老闆對自己的印象。

工作時間不要做兼差，這不僅僅是公司員工手冊上的規章制度，更應該是每一位年輕員工身體力行的規範。有些年輕人認為這些小事無傷大雅，卻不知道這種行為不但影響工作的正常進行，還會對工作氛圍造成影響，從而影響到老闆對自己的信任。

另外，不要隨便拿公司的物品，這種占小便宜的行為讓老闆看在眼裡，就會對你的印象大打折扣。而且一旦形成習慣，還會直接影響到你的忠誠程度，受到誘惑時就可能身不由己做出有損公司利益的事。

享受工作的快樂

工作雖然很辛苦，但年輕人應該把它當作是一種幸福和快樂，這樣，就不會覺得累和苦的痛苦了。人生最有意義的就是工作，與同事相處是一種緣分，與顧客、生意夥伴見面是一種樂趣。

　　每個年輕人都應該想方設法讓工作有意思。用積極態度投入工作，無論做什麼，都會很快樂。

　　張海周是一家公司的人力資源部總監，他所在的公司業績非常的好，公司的員工對待自己的工作也充滿了熱情驕傲。為此，張海周認為這與他不斷強調熱情是工作的靈魂分不開。在他看來，熱情進取是一種不滿足於今天的精神，員工之間的信任溝通、業績承諾都需要所有員工以熱情來認同並最終貫徹。只有員工能夠在工作中始終熱情飽滿，企業才能有出色的業績。

　　在公司的發展歷程中，大家也不否認張海周為做到這一點所付出的努力。因為在張海周加盟公司之前，這家公司員工的熱情度並不是這樣。那時候，公司裡的員工們都厭倦了自己的工作，他們中的許多人都已經做好寫辭職報告的準備了。但是，張海周的到來改變了這一切，他經常對員工說：「投入、專注與熱情是成就一切事情的基礎。即使是微不足道的事情，只要我們投入專注與熱情，我們平凡的軌跡也會因此而改變，這是做好任何事情的基石。」

　　不僅如此，從張海周的身上，員工們也看到了他那充滿熱情的工作狀態，燃起了其他員工胸中的熱情之火。為此，在他負責的人力資源部曾有這樣一段話：「把勞動作為享受自己幸福生活的手段的員工，能夠永久的保持工作的熱情。事情的成功與否，往往是由做這件事情的決心和熱忱的強弱而決定的。碰到問題，如果擁有非成功不可的決心和熱忱，困難就會迎刃

而解。」

　　每天，張海周第一個到公司，微笑著與每一個同事打招呼。工作時，他容光煥發；在工作的過程中，他調動自己身上的潛力，開發新的工作方法。在他的影響下，公司的員工也都早來晚走、鬥志昂揚，縱然有時候腹中飢餓，也捨不得離開自己的工作職位。因為張海周經常保持這種熱情射的工作狀態，在張海周看來，熱情是心血來潮、興之所至，而是一種覺悟、追求和境界。所以他在工作中，能夠胸懷大志、開拓進取、頑強拚搏，從而使自己始終保持高昂的工作熱情幹勁，在很短的時間內，便被經理提拔到主管的位置。

　　在他的帶動下，很多以前精神萎靡、不思進取、無所作為、做事拖拉、效率低下的人也開始加以改變，從而使員工們也一個個充滿活力，最後導致公司的業績不斷上升。

　　因此，充滿熱情是做事的重要條件。任何企業都希望員工分工作抱有積極、熱情、認真的態度。因為只有這樣的員工才是企業進步的根本。具有熱情的員工能夠感染別人的情緒，使事情向良好的方向發展。對於工作飽含熱情的人，永遠都是企業最為欣賞的人。

　　工作是上天賦予的使命。把自己喜歡的並且樂在其中的事情當成使命來做，就能發掘出自己特有的能力，即使是辛苦枯燥的工作，只要能保持一種積極的心態，就能從中感受到價

值，在你完成使命的同時，會發現成功之芽正在萌發。

即使你的處境再不如人意，也不應該厭惡自己的工作，世界上再也找不出比這更糟糕的事情了。如果環境迫使你不得不做一些令人乏味的工作，你應該想方設法使之充滿樂趣。無論做什麼事，用這種積極的態度投入工作，都很容易取得良好的效果。

亨利·凱撒是一個真正成功的人，不僅因為他的公司擁有十億美元以上的資產，更由於他的慷慨和仁慈，使許多啞巴會說話，使許多跛者過上了正常人的生活，使窮人以低廉的費用得到了醫療保障……所有這一切都是凱撒母親教育的結果。

瑪麗·凱給了她的兒子亨利無價的禮物 —— 教他如何看待生命的偉大。瑪麗每天下班後，總要花一段時間做義工，幫助不幸的人們。她常常對兒子說：「亨利，不工作就不可能完成任何事情。我沒有什麼財產可留給你，但我給你一份無價的禮物：工作的歡樂。」

凱撒說：「我母親最先教給我對人的熱愛和為他人服務的重要性。她常常說，熱愛人和為人服務是人生中最有價值的事。」

如果你掌握了這樣一條積極的法則，如果你將個人興趣和自己的工作結合在一起，那麼，你的工作將快樂起來了。興趣會使你的整個身體充滿活力，使你在睡眠時間不到平時的一半、工作量增加兩三倍的情況下，不會覺得疲勞。

工作不僅是為了獲得活著的物質需要，同時也是實現個人人生價值的需要，試著將自己的愛好與工作結合起來，無論做什麼，都要樂在其中，而且要真心熱愛自己所做的事。

成功者樂於工作，並且能將這份喜悅傳遞給他人，使大家不由自主的接近他們，樂於與他們相處或共事。

羅斯‧金說：「工作使我精神健康；為工作而思考使我快樂。」

職業生涯本身就是件很辛苦的事，不自己尋求其中的樂趣，誰還會給你送來快樂呢？

工作著並快樂著使職業生涯能達到的一個高的境界。

樂觀的年輕人往往是事業的成功者，他們身上有無窮的勇氣，能夠很好的完成自己的工作，給人留下良好的印象，讓人信任。通常，他們在做一件事情的時候，不會去考慮失敗所帶來的後果。即使他們知道自己所做的事情成功的機會不大，但是他們依然毫無怨言的做著。

愛迪生是美國偉大的發明家。他在發明白熾燈泡時，曾做了一千多次的試驗，才成功的找到了做燈泡燈芯的最佳材料。我成功的知道了一千種不適合做燈絲的材料。這是愛迪生的一句十分有名的話。

正是有這種鍥而不捨與樂觀向上的精神，愛迪生才能取得最後的成功。

　　當你在樂趣中工作，如願以償的時候，就會愛你所選，不輕言變動。如果你開始覺得壓力越來越大，情緒越來越緊張，在工作中感受不到樂趣，沒有喜悅的滿足感，就說明有些事情不對勁了。如果我們不從心理上調整自己，即使換一萬份工作，也不會有所改觀。

　　快樂的工作能夠讓你感覺輕鬆。快樂的工作是一種積極主動的工作狀態，這樣工作才是有意義的，能產生更高的價值的工作。

　　由於你積極主動的工作，並出色的完成任務，為你的公司創造了更多的發展空間和機會，那麼你所獲得的不僅僅是一種物質上的獎勵，更多的是一種自我價值的實現，這是人生自我實現的需要，也是人的最高需要。只有這種需要得到滿足時，人才會獲得最大的快樂，而且這是人真正的快樂。

　　所以，年輕人，去享受你的工作，享受你的快樂和滿足吧！

敬業，我們神聖的使命

　　敬業，是事業成功的源泉，是一種職業素養、職業精神的表現，是一種做事做人的境界。敬業，是一種高尚的品德，對自己所從事的職業懷著一份熱愛、珍惜和敬重的心情，不惜為之付出和奉獻。

　　敬業，就是尊敬、尊崇自己的職業。如果一個年輕人以一種尊敬、虔誠的心靈對待職業，甚至對職業有一種敬畏的態度，那他就已經具有了敬業精神。但是，他的敬畏心態如果沒有上升到敬畏這個冥冥之中的神聖安排，沒有上升到視自己職業為天職的高度，那麼他的敬業精神就還不徹底、還沒有掌握精髓。天職的觀念使自己的職業具有了神聖感和使命感，也使自己的生命信仰與自己的工作連繫在了一起。「只有將自己的職業視為自己的生命信仰，那才是真正掌握了敬業的本質。」這是詹姆斯・H・羅賓斯所說的敬業所要達到的高度。可是，因為沒有幾個人可以做到敬業如敬生命一樣，因此也就沒有幾個人能夠取得真正意義上的成功。

　　敬業意味著追求卓越。明朝著名思想家朱熹曾說：「敬業者，專心致志以事其業也。」關於敬業，我們可以從兩個層次去理解。低層次來講，敬業是為了對主管有個交代。如果我們上升到一個高度來講，那就是把工作當成自己的事業，要具備一定的使命感和道德感。不管從哪個層次來講，「敬業」所表現出來的就是以認真負責的態度做事，一絲不苟，並且有始有終的完成自己的工作。

　　敬業者將工作當成自己的事，他們忠於職守、認真負責、盡職盡責、一絲不苟、善始善終，他們將會在工作中取得巨大的成就。如果他們對工作總是處在追逐名利，凡事斤斤計較之中，他們就會成為工作的附庸，在工作中也就不會取得任何

成就。這就是說，只有那些忠誠敬業的人才有可能達到工作的頂點。如果一個人沒有正確的工作觀，必然在工作中不認真負責，鬆懈怠惰，最後導致自己對公司的不滿，從而阻礙了公司的發展。因為，公司是建立在合作的基礎上的，而加強這種合作的紐帶的方法就是促進企業的發展。公司有可能出現問題，老闆也會有些問題，關鍵在於你對待問題的方式。如果你發現問題後幸災樂禍，非要辱罵、詛咒和沒完沒了的貶損不可，那麼不如辭職。因為當你身處局外時，你可以盡晴發洩。但是，身在其中時，不要詛咒它。當你貶損它時，你身置其中，那麼你也是在貶損自己。不僅如此，你還是在鬆懈把自己與這個機構連繫起來的紐帶。當然，辭職不應該是輕易決定的事，因為每個老闆對是否解雇某個員工都會進行慎重的考慮。如果你輕易就辭職的話，就意味著公司也可以輕易的將你辭退。

　　所以說，一個敬業的年輕人會將敬業意識記在心中，實踐於行動中，做事積極主動，勤奮認真，這樣他就不僅能獲得更多寶貴的經驗和成就，還能從中體會到快樂。在這方面，美國石油大亨洛克菲勒為我們做出了榜樣。

　　美國石油大亨洛克菲勒總是對工作敬業如初，他的老搭檔克拉克這樣評價他：「他有條不紊和細心認真到了極點，如果有一分錢該歸我們，他要取回來；如果少給客戶一分錢，他也要客戶拿走。」

　　洛克菲勒有一個特點，就是對數字極為敏感，他經常自己

算帳，以保證錢不從指縫中悄悄溜走。他曾給西部一個煉油廠的經理寫過一封信，嚴厲的問：「為什麼你們鍛鍊一加侖石油要花一分八釐二毫，而另一個煉油廠卻只要九厘？」類似這樣的問題還有：「上月你廠報告有一千一百一十九個塞子，本月初送給你廠一萬個。本月初你用了九千五百三十七個，卻報告現存為一千零十二個，那麼其他的五百七十個塞子去了哪裡？」像這樣指責下屬工作不夠認真的信很多。他就是這樣透過精確數量分析出公司的經營狀況，查出其中的弊端並及時糾正，從而有效的控制和經營他龐大的石油帝國。

洛克菲勒這種對工作的嚴謹認真的作風是他年輕的時候養成的。他十六歲初涉商海，做了一家商行的簿記員。他告誡世人：「我從十六歲開始參加工作時就記收入支出帳，記了一輩子。它是使一個人能知道自己是怎樣用掉錢的唯一辦法，也是一個人能事先計畫怎樣用錢的最有效的途徑。如果不這樣做，錢多半會從你的指縫中溜走。」

有條不紊和細心認真是成就大事者的必備素養，在我們的工作中，我們不妨學習洛克菲勒這種敬業的做法。

從洛克菲勒的成功來看，懂得敬業是職業邁出的第一步，只要我們在工作中不斷認識到這一問題，並不斷的培養自己的敬業精神，我們才能擁有成功的可靠保障。

這個世界，一直是缺少什麼才提倡什麼，物以稀為貴。敬

業精神在公司裡、在我們的身上已經不多見了。你想得到好的
發展，就必須敬業、敬業、再敬業。也許你要問了：我在公司
裡一直很敬業啊，不遲到，不早退，努力完成自己分內的事，
這還不算敬業嗎？你是在為自己辯解，為自己的現狀找藉口。

具體的說，敬業有以下幾種表現：

忠於職守

什麼是忠於職守？世界上有三種事，第一種事是想做的事；
第二種是能做的事，第三種應該做的事。對於我們來說，想做
的事太多了，我甚至想做美國總統；能做的事也很多，可能，
叫你當州長你也可能做得了。但是，想做的和能做的和工作都
沒有關係，最重要的事是要把該做的事做好，這就是忠於職守。

一絲不苟

有人說，成功取決於細節。對此，我非常相信。我們學數
學，就是從零開始的，我們學語言，是從字母 A 開始的。對細
節關心的人，本身就是一個有心的人。羅馬不是一天建成的。
對工作一絲不苟，就是對自己一絲不苟。如果你認為你的前途
一文不值，你就可以不選擇一絲不苟。如果你覺得天下有免費
的午餐，你也可以選擇漫不經心。

盡職盡責

全心全意就等於盡職盡責。如果工作沒有完成，我們要首
先問自己這樣一個問題，我盡力了嗎？我盡心了嗎？如果你盡

力了，盡心了，沒有人會指責你。什麼叫問心無愧，盡職盡責就是叫問心無愧。要做到盡心盡責，我們有責任做下面的事：努力學習，提高完善自己的能力和素養。學習不僅是自己的事，也是公司的事。能力的提高，會反映在工作的結果上，最終會在你的收入上展現出來。

自動自發

什麼是自動自發？就是兩個字：主動。主動，就是不用別人說就會出色的完成任務。沒有成功會自動送上門來，也沒有幸福會自動降臨到一個人身上。這個世界上所有美好的東西都需要我們主動去爭取。天上絕對不會有免費的午餐。

你在羨慕別人青雲直上的時候，只是懷著嫉妒進行自我安慰和麻醉，認為那只是別人的運氣而已，借此來平衡自己的心態。其實人家得到晉升，是他們知道「業精於勤，而荒於嬉」。他們明白，只有全力以赴、盡忠盡職才能使自己漸漸獲得晉升的機會。

你不知道職位的晉升是建立在忠實履行日常工作職責的基礎上的，不知道成才的關鍵在於是否具有敬業精神。你只是機械性的去完成工作而已，你的熱情、你的創造力已經在時間的磨刀石上被磨得差不多了。

你並沒有敬業，你不知道什麼是敬業。鋼鐵鉅子安德魯·卡內基說：「我可以告訴你通往事業成功之路的祕密。那就是勤

奮、敬業、忠誠的工作。」假如你能真正的懂得這個道理的話，你也早已經不是現在這個樣子了。

不要怨天怪地，不要怨怪你的父母沒有給你機會，不要埋怨老闆沒有眼睛去識別你這個天才。要怨就怨你自己，怨你自己沒有敬業的職業精神。不要以為自己的地位低微就沒有機會了，不要以為你已經發展得可以了，要知道前進無止境！不管你現在處於什麼位置，你要明白：只要你堅持敬業精神，你的工作之中就蘊藏著巨大的機會。

一位總統演講時說：「比其他事情更重要的是，知道怎樣將一件事情做好；與其他有能力做這件事的人相比，如果你能做得更好，那麼，你就永遠不會失業。」

沒有真正的敬業精神，就不會將眼前的普通工作與自己的人生意義聯繫起來，就不會對工作崇敬和尊重，當然就不會有神聖感和使命感產生。

敬業就像虔誠的教徒尊敬冥冥之中的神一樣——沒有絲毫的雜念和怠慢的情緒。

年輕人，需要「做一行，愛一行」，這樣，行行才能出「狀元」，敬業的人在公司裡不但能學到許多專業知識，還能贏得好人緣，因為人們都尊重和仰慕對工作認真負責的人。把敬業變成一種良好的習慣去付諸行動，這時成功和財富就會在不遠處等著你！

把工作當成事業

　　幾乎所有的老闆心目中的最佳員工標準是：一個優秀的員工應該對自己的工作滿懷熱情，當他對客戶介紹本公司的產品時，應該有一種傳道士傳道般的狂熱！一句話，將你的職業當成一門事業來做，它的榮譽感和使命感會立即將你工作中的一切不如意一掃而空。工作越做越有勁，人越活越年輕，道路越走越寬廣，生活越來越美好。

　　作為一個年輕的職業人士，一定要明白，工作絕不僅僅是養家糊口，工作是人實現自我價值的方式，企業是我們邁向成功的平台。在這個職業社會裡，任何的目標和理想都必須透過工作來實現，你的價值就在你工作的過程中得到展現，只有把工作做好了，得到了老闆和別人的承認，你才能獲得物質和精神上的回報，擁有你理想的社會地位，並最終實現你的人生目標。從這個意義上來說，工作是我們要用生命去做的事。

　　齊瓦勃十五歲時，家中一貧如洗，只受過很短學校教育的他到一個山村做了馬夫，然而齊瓦勃並沒有自暴自棄，無時無刻不在尋找著發展的機遇。三年後，齊瓦勃來到鋼鐵大王卡內基所屬的一個建築工地打工。一踏進建築工地，齊瓦勃就下了決心 —— 要做同事中最優秀的人。當其他人在抱怨工作辛苦、薪水低而怠工的時候，齊瓦勃卻默默的累積著工作經驗，並自學建築知識。

　　有一天晚上，同伴們在閒聊，唯獨齊瓦勃躲在角落裡看書。那天恰巧公司經理到工地檢查工作，經理看了看齊瓦勃手中的書，又翻開他的筆記本，什麼也沒說就走了。第二天，公司經理把齊瓦勃叫到辦公室，問：「你學那些東西做什麼？」齊瓦勃說：「我想我們公司並不缺少打工者，缺少的是既有工作經驗、又有專業知識的技術人員或管理者，對嗎？」經理點了點頭。

　　過了一段時間，齊瓦勃就被升任為技師。打工者中，有些人諷刺挖苦齊瓦勃，他回答說：「我不光是在為老闆打工，更不單純為了賺錢，我是在為自己的夢想打工，為自己的遠大前途打工。我們只能在業績中提升自己。我要使自己工作所產生的價值，遠遠超過所得的薪水，只有這樣我才能得到重用，才能獲得機遇！」抱著這樣的信念，齊瓦勃一步步升到了總工程師的職位上。二十五歲那年，齊瓦勃又做了這家建築公司的總經理。

　　當時，瓊斯是卡內基的鋼鐵公司一個天才的工程師兼合夥人，他在籌建公司最大的布拉德鋼鐵廠時發現了齊瓦勃超人的工作熱情和管理才能。當時身為總經理的齊瓦勃，每天都是最早來到建築工地。當瓊斯問齊瓦勃為什麼總來這麼早的時候，他回答說：「只有這樣，當有什麼急事的時候，才不至於被耽擱。」工廠建好後，瓊斯推薦齊瓦勃做了自己的副手，主管全廠事務。

　　過了兩年後，瓊斯在一次事故中喪生，齊瓦勃便接任了廠

長一職。因為齊瓦勃的天才管理藝術及工作態度，布拉德鋼鐵廠成了卡內基鋼鐵公司的靈魂。因為有了這個工廠，卡內基才敢說：「什麼時候我想占領市場，市場就是我的。因為我能造出又便宜又好的鋼材。」幾年後，齊瓦勃被卡內基任命為鋼鐵公司的董事長。

在齊瓦勃擔任董事長的第七年，當時控制著美國鐵路命脈的大財閥摩根，提出與卡內基聯合經營鋼鐵。開始的時候，卡內基沒理會。於是摩根放出風聲，說如果卡內基拒絕，他就找當時居美國鋼鐵業第二位的貝斯列赫姆鋼鐵公司聯合。這下卡內基慌了，他知道貝斯列赫姆若與摩根聯合，就會對自己的發展構成威脅。

有一天，卡內基遞給齊瓦勃一份清單說：「按上面的條件，你去與摩根談聯合的事宜。」齊瓦勃接過來看了看，對摩根和貝斯列赫姆公司的情況瞭若指掌的他微笑著對卡內基說：「你有最後的決定權，但我想告訴你，按這些條件去談，摩根肯定樂於接受，但你將損失一大筆錢。看來你對這件事沒有我調查得詳細。」經過分析，卡內基承認自己高估了摩根。

卡內基全權委託齊瓦勃與摩根談判，取得了對卡內基有絕對優勢的聯合條件。摩根感到自己吃了虧，就對齊瓦勃說：「既然這樣，那就請卡內基明天到我的辦公室來簽字吧。」齊瓦勃第二天一早就來到了摩根的辦公室，向他轉達了卡內基的話：「從第五十一號街到華爾街的距離，與從華爾街到五十一號街的距

離是一樣的。」摩根沉吟了半晌說：「那我過去好了！」摩根從未屈就到過別人的辦公室，但這次他遇到的是全身心投入的齊瓦勃，所以只好低下自己高傲的頭顱。

後來，齊瓦勃終於建立了大型的伯利恆鋼鐵公司，並創下非凡的業績，真正完成了從一個打工者到創業者的飛躍。

如果像齊瓦勃一樣，以事業的態度來對待你工作中的每一件事，並把它當成使命來做，你就能發掘出自己特有的能力，即使是煩悶、枯燥的工作，你也能從中感受到價值，在完成使命的同時，你的工作也會真正變成一項事業。

被譽為「世界上最偉大的推銷」的喬‧吉拉德在被問及如何成為一名優秀的推銷員時，他是這樣說的：「要熱愛自己的職業。」

吉拉德二十五歲時，他從事的建築生意失敗，並且背負上了巨額債務。這時他只好改行做了一名汽車推銷員。開始時他只是把推銷員這份工作當做養家糊口的一種手段而已。

但當他第一次經過努力賣掉了一輛汽車後，他內心的想法完全改變了。他揮揮身上的灰塵，微笑而略帶激動的對自己說：「就這樣，好好做，你一定會東山再起的！」從此以後，吉拉德把心思全用在了工作上。用「廢寢忘食」一詞來形容他對待工作的態度一點也不為過。

一次，吉拉德的妻子打來電話，說他們的小兒子住進了醫

院，讓他趕快過去。正當吉拉德匆忙換下工作服準備離開時，一位顧客找上門來，說剛買的汽車剎車不好使，要求他盡快給調一下。吉拉德二話沒說，立即又換上工作服鑽進了車底，一做就是幾個小時。當他抱著疲憊的身體趕到醫院時，妻子已經摟著兒子進入了夢鄉。他沒有驚動他們母子，而是在病房的牆角蹲了一夜，第二天又早早的去上班了。

就這樣，吉拉德以傳教士般的狂熱精神把銷售汽車的事業做到了頂點 —— 以往世界上汽車推銷商的平均銷售記錄是每週賣出七輛，而他平均每天就能賣出六輛。

當初就在吉拉德一個月沒有賣出一輛汽車時，他也沒有失望過，多年的經驗和教訓告訴他：所有的工作都會有難度，都會出現這樣那樣的問題，如果一遇到問題就縮頭退讓，或者一次接一次的跳槽，情況有可能會越來越糟。

吉拉德曾問過一位神情沮喪的人是做什麼工作的，那人回答說自己是名推銷員。吉拉德馬上告誡對方說：「推銷員怎麼可能有你這樣的心態呢？如果你是醫生，那麼你的病人肯定會遭殃的。」

他接著說：「不要把工作看成是別人強加於你的負擔，即使是為別人打工，也終歸是為了我們自己的生活，與其這樣，不如看作是為自己工作，就當它是你最神聖的事業吧！」

說得好極了，神聖的看待自己的工作一這正是我們成為世

界上最偉大員工的起點！

年輕人應該清楚，自己不是在為老闆工作，而是為自己工作。我們的職業就是我們的事業，是我們需要用生命來完成的使命！

薪水 —— 工作的「副產品」

一個熱情敬業的年輕員工心中是沒有薪水的，因為他們懂得：生存固然需要工作，但比生存更重要的，是在工作中發揮能力，實現自己的生命價值。

商品經濟時代的年輕人越來越勢利，越來越現實。在他們看來，我為公司工作，公司付我報酬，等價交換，僅此而已。他們看不到薪資以外的東西，工作時總是採取一種應付的態度，能少做就少做，能躲避就躲避，敷衍了事。他們只想對得起自己賺的薪資，這是令人痛心的，要知道，人的一生，有意義的事情很多，薪水不是唯一的目標。

眼睛只盯著薪水，你將注定平庸，不會有真正的成就感。雖然薪資應該成為工作目的之一，但是從工作中獲得的生命價值感、事業成就感卻不能兌換成鈔票。

心理學家發現，金錢飽和到某種程度之後，不再帶來幸福感。那些成功人士，在沒有優厚的金錢回報下，是否還繼續從事自己的工作？大部分人的回答都是：「我熱愛我的工作勝過

金錢。」

　　如果工作僅僅是為了生存，那麼生命的價值就太簡單了。千萬別傻乎乎的告訴自己，工作就是為了賺錢 —— 比薪水更有意思的目標還有很多。

　　工作所帶給你的，不僅有物質上的回報，也有精神上的快樂。如果你能把工作當作一種積極的學習經驗的過程，那麼，每一項工作中都包含著很大的樂趣、許多個人成長的機會。

　　為薪水而工作，看起來很實際，也沒什麼錯，但是被眼前利益驅使，你將看不清長遠的目標。

　　那些給多少薪水，就做多少工作的人，對老闆是一種損害，對自己的潛能，則是一種毀滅。我們應該相信，大多數老闆都是明智公平的，都希望能吸引更多富有才幹的員工，都能根據每個人的努力程度和業績公平升遷、加薪。凡是工作中能盡職盡責、堅持不懈的人，終會得到青睞。

　　不能為薪水而工作，薪水只是工作的一種報償方式，雖然是最直接的一種，但也是最短視的。一個人如果只為薪水而工作，沒有更高尚的目標，受害最深的不是別人，而是他自己。

　　有一個年輕人取得博士學位後，卻總是因工作職位與自己的學歷不相符，每天都奔波在尋職的路上。最後，為了生計，他在一家製造燃油機的企業擔任品管員，薪水比普通工人低。工作半個月後，他發現該公司生產成本高，產品品質差，於是

他不遺餘力的說服公司老闆推行改革以占領市場。身邊的同事對他說：「你看你的薪水，你為什麼要這麼賣力？」

他笑道：「我這樣是為我自己工作，我很快樂。」

幾個月後，這個年輕人升為副理，薪水翻了幾倍，尤為重要的是，這幾個月的改革，讓企業的利潤增加了幾千萬美元。

可見，不為薪水工作，你就能夠充分的激發自己的潛能，為老闆、為公司創造更大的價值，自己也會得到更大的回報。

一個以薪水為奮鬥目標的人是無法走出平庸的，也不會有真正的成就感。

薪水只是工作的一種回報方式，是工作的「副產品」而已。工作除了帶給我們薪水之外，還為我們帶來了很多機遇。譬如：艱難的任務能鍛鍊我們的意志，新的工作能拓展我們的才能，與同事的合作能培養我們的人格，與客戶的交流能訓練我們的品性。工作能夠豐富我們的經驗，成長我們的智慧。與在工作中獲得的技能與經驗相比，微薄的薪水就顯得不那麼重要了。金錢只能支配一時，而工作賦予你的能力可以受益終生。

年輕人若只為薪資而工作，把工作當成解決麵包問題的一種手段，缺乏更長遠的目光，最終受傷害的是自己。如果你不把眼光放在遠處，自我鞭策，自我栽培，自我錘鍊，竭盡所能，那麼你已經離「平庸」不遠了。

卡羅・道恩斯是汽車公司的一般員工，他工作了六個月之

後，想試試是否有升遷的機會，於是直接寫信向老闆自薦。老闆答覆說：「你去新廠安裝機器設備吧，不一定保證加薪。」

道恩斯根本看不懂藍圖，因為他沒有受過任何工程方面的訓練，但是，他不願意放棄任何機會。於是，他發揮自己的領導才能，自己花錢找到一些專業技術人員提前完成了任務，結果，他不僅獲得升遷，薪水也增加了。

「我知道你看不懂藍圖，」老闆後來對他說，「如果你隨便找個藉口推辭，我就會開除你。」道恩斯後來成為千萬富翁，退休後擔任南方政府聯盟的顧問，年薪只有象徵性的一美元，但是他樂此不疲，「不為薪水而工作」已經成為他工作的一種習慣。

我們應該向道恩斯學習，不必過度考慮薪水的多少，而應該注意工作本身帶給你們的報酬。譬如發展自己的技能，增加自己的社會經驗，提升個人的人格魅力……與你在工作中獲得的技能與經驗相比，你還會覺得薪資是最重要的嗎？老闆支付給你的是金錢，而你賦予自己的，可是終身受益的精神黃金啊。

能力是無價的，它不會遺失也不會被誰偷走。研究那些成功人士會發現，他們的一生中，多次失敗又多次成功，是能力幫助他們東山再起的。

普通人都很羨慕，那些傑出人士怎麼會有那麼出眾的創造能力、決策能力以及敏銳的洞察力？要知道，這些寶貴的東西是在長期工作中累積和學習到的。一直努力工作，一直努力進

步，保持良好的業績紀錄，在公司甚至整個行業擁有一個好名聲，這都比金錢更重要。

別對自己的薪資耿耿於懷，薪資背後是可能獲得的成長機會。從工作中獲得的技能和經驗 —— 這些無價之寶對未來會產生巨大的影響。當你不再一門心思想錢時，錢卻一往情深來找你了。

如果你將工作視為一種積極的學習經驗，那麼，每一項工作中都包含著許多個人成長的機會。成功者的經驗證明：付出世界上最多的困苦，才能獲得世界上最大的幸福；要想獲得最大的成就，必須奮鬥，才能成功。

做一行，愛一行

有人問英國哲人杜曼先生，成功的第一要素是什麼，他回答說：「喜愛你的工作。如果你熱愛自己所從事的工作，哪怕工作時間再長再累，你都不覺得是在工作，相反像是在玩遊戲。」

年輕人，無論你從事的是怎樣的職業，也無論你當初選擇這份工作的原因是什麼，只要你選擇了這個企業，就要熱愛這個企業，擁有了這份工作，就要熱愛這份工作，這就是職業道德感。

挪威作家漢姆生說：「熱愛他的職業，不怕長途跋涉，不怕肩負重擔，好似他肩上一日沒有負擔，他就會感到困苦，就會

感到生命沒有意義。」工作是我們實現自我價值、追求人生目標的重要途徑，唯有視其為使命，對它充滿尊敬之意，全力以赴、精益求精，才能勝任。

一個敬業的年輕員工的職業道德感最強，他們信奉真正的職業道德，做真正的職業人，這一點正是最值得員工學習的。人一生中扮演的人生角色有很多：子女、學生、同學、朋友……職業人也是其中一種。當我們能忠誠的做好其他角色的時候，為什麼就不能忠實的扮演好職業人這個很重要的角色呢？

也許你現在很迷惘，不知道前方的路該怎麼走，整天是做一天和尚撞一天鐘。那是因為你沒有給自己定位好，沒有熱愛自己的工作，沒有熱愛自己的公司和老闆，沒有明白職場中真正的職業精神。

現在當你想獲得老闆的信任，你就必須要做一行愛一行，做一行專一行，懂一行精一行。要有「勿以善小而不為，勿以惡小而為之」的敬業觀念。天下有大事嗎？沒有！任何小事都是大事。集小惡則成大惡，集小善則為大善。培養良好的職業精神，是從那很小很小的事開始的。這種精神是慢慢建立起來的，而不是專門找到大事就有的做。

俗話說，不在其位，不謀其政。可是現在時代變了，現實也不同了，現在是：在其位，不僅要謀其政，還要另謀他政。當你在公司的時候要把公司當作自己的家去愛護，但不是說公

司的一切你都可以隨便拿回家；當你掌握公司機密的時候不是為了自己口袋而隨便把機密洩露的；當你在公司工作的時候，不是讓你滿腹牢騷的，你要做的就是維護公司這棵不管是大是小的樹，讓他好好的生長。樹蔭大了，你才好乘涼啊。

做人就做真正的人，做工作就做真正的職業人。我們要時刻記著：我是一個職業人！做你該做的，為公司及你自己的榮譽和利益著想，這樣不管你是在什麼樣的公司，老闆都會從心底欣賞你，給你更多的機會，讓你不斷的在實戰中成長。作為一個職業人，有什麼比這更有吸引力的呢？

做真正的職業人，成就你自己！你就是老闆心目中的上帝！

視誠信如生命

社會交往、商業活動最基本的原則是誠實守信，我們不能因一己的私利而違背誠信的原則。醫生在不能確診病人病情的情況下，不要不懂裝懂；律師不要為了代理費而說服客戶進行不可能勝訴的訴訟；商人需要誠實正直、童叟無欺；記者不要為追求單純的經濟利益而寫些下流無聊的花邊新聞。如果簡單的把敬業理解為簡單的完成任務或創造收益，而不管其手段與過程是否合乎基本的道德標準，那麼，作為公司，會因失去公信最終使自己陷入困境，作為年輕的員工，則很容易淪為賺錢

的機器，完全喪失做人的準則，更別提什麼敬業精神了。

如果我們每個人都能真誠的對待工作，那麼，大對公司、小對個人的損失和懲罰將會大大降低。

誠信是一條自然法則，違背它的人會得到報應，受到應有的懲罰，就像法律不可違背一樣，誠信的定律也是不可違背的。違背的結果就是受到懲罰，不可逃脫的懲罰。他們或許可以暫時的逃避，最終卻無法逃避公理。

對老闆和員工來說，誠信對雙方都是有利的。如果老闆不能誠實守信對待員工，那麼老闆就很難盈利；反之，如果員工不能誠實守信對待老闆，那麼員工也難以獲得自己的利益。

人無信不立。良好的信譽會給你的生活和事業帶來意想不到的好處。

以誠相待是人際社交中最重要的籌碼。只要以誠待人，就會得到他人的信任，獲得良好的讚譽，贏得和諧的人際關係。

人們都喜歡和誠實守信的人交往共事。因為「誠信」是不用設防的。誠信的人會逐漸形成寬闊的胸懷，營造著友愛和歡樂的環境；心靈純潔的人會自覺養成廉潔自律的良好習慣，營造著祥和安寧的氛圍。

伊莉莎白是一家大型公司的老闆，在招聘員工和晉升方面，特別注重金錢方面的問題。一旦對方有金錢上的不良記錄，即使應聘者工作經驗豐富、條件優越，工作能力強，也不

予任用和提拔。

她說這樣做的原因有四：「第一，一個人除了有家庭責任感以外，對老闆守信是最重要的；第二，在金錢上不守信的人，對任何事都不會守信用；第三，一個不具備誠信的人，在工作職位上也會怠忽職守；第四，一個頻繁出現財務困難的人容易導致偷竊和挪用公款。」

誠信是衡量人品行的試金石。誠實守信不僅反映出一個人的品行，而且能讓人建立起對家庭、對社會的強烈責任感。

懷有一顆感恩的心

人，生活在世界上，生存、發展都離不開外界環境的「栽培」。對此，心存感激，更好的生活，是最根本的「人性」和常情。一個人只有心存感恩，才是具有完善人格的人，才會得到外界的認可。只有這樣，才懂得服從、執行老闆交給你的任務。

許多成功人士在談到自己成功經歷時，往往過度強調個人努力因素。事實上，每個登峰造極的人，都獲得過別人的許多幫助。一旦你訂出成功目標並且付諸行動之後，你就會發現自己獲得許多意料之外的支持。你應該時刻感謝這些幫助你的人，感謝上天的眷顧。

生而為人，要感謝父母的恩惠，感謝師長的恩惠，感謝大眾的恩惠，感謝國家的恩惠；沒有他們，我們怎能立足於天地

之間？所以，感恩不但是美德，還是一條基本的為人之道！羔羊跪乳，烏鴉反哺，說明動物尚且感恩，何況我們作為萬物之靈的人類呢？所謂「一粥一飯，當思來之不易；一絲一縷，恆念物力維艱」，感恩是一種崇高的感情。但是很多時候，我們可以為一個陌生人的點滴幫助而感激不盡，卻無視朝夕相處的老闆的種種恩惠。將工作關係理解為純粹的商業交換關係，認為相互對立理所當然。我們是不是該反思一下我們是否具有感恩的心。

當我們拿著薪水，和家人團聚、去孝敬父母、給愛人買禮物時，當我們工作之餘，悠閒的帶著孩子到公園時，當我們在假日裡，和朋友開懷暢飲時，我們都應該想到去感謝老闆。

當我們在企業給予的舞台上獲取了尊重、榮耀、地位，實現了有價值的一生，我們也應該想到去感謝老闆。

在我們想到上述的各種情況時，我們應該懷有一顆感恩的心。帶著一種從容坦然、喜悅的感恩心情去工作，這將有助於我們獲取更大的成功。

吳瓊是個普通職員，她在談到自己破例被派往國外公司考察時說：「我和他雖然同樣都是研究生畢業，但我們的待遇並不相同，他職高一級，薪資高出很多。慶幸的是，我沒有因為待遇不如人就心生不滿，仍是認真做事。當許多人抱著多做多錯、少做少錯時，我卻盡心盡力做好我手中的每一項工作。我

甚至會積極主動的找事做，了解主管有什麼需要協助的地方，事先幫主管做好準備。因為我在上班報到的前夕，父親就告誡我三句話：遇到一位好老闆，要忠心為他工作。假設第一份工作就有很好的薪水，那你的運氣很好，要感恩惜福。萬一薪水不理想，就要懂得跟在老闆身邊學功夫。」

「我將這三句話深深的記在心裡，自己始終秉持感恩惜福的原則做事。即使起初位居他人之下，我也沒有計較。但一個人的努力，別人是會看在眼裡的。在後來挑選出國考察學習人員時，我是唯一一個資歷淺、級別低的人員。這在別的公司裡是極為少見的。」

一位職場成功的員工說：「是一種感恩的心情改變了我的人生。當我清楚的意識到我無任何權利要求別人時，我對周圍的點滴關懷都抱有強烈的感恩之情。我竭力要回報他們，我竭力要讓他們快樂。結果，我不僅工作得更加愉快，而且所獲得的幫助也更多，工作也更出色。我很快獲得了公司加薪升遷的機會。」

吳瓊的故事和那位職場成功員工的發言，應該給一些還不曾得到老闆賞識的員工一些啟迪。當一個人滿懷感激，盡心竭力的將自己的才能「奉獻」給公司時，老闆肯定會「心中有底」，也一定會為他構建舞台，讓其盡顯其才。

生活給予了我們許多，當匆匆走過後，懷抱感恩的心，我

們的眼前就會出現絕妙的風景。「送人玫瑰，手有餘香」是對生活感恩的表現。你對生活的態度是感激，生活反過來就會對你予以回報。同樣，你對老闆懷有一顆感恩的心，老闆反過來也會給予你回報的。

感恩的心是雙向的，施與受的雙方都會享受身心的巨大愉悅，讓我們的生活、工作向盡善盡美的方向發展。而不停的抱怨、以怨報德則是「邪惡之花」，它玷汙著人們的心靈。曾看到過這樣的情形：一位盲人正要橫穿馬路，這時從他旁邊走過幾個小朋友，他們簇擁著盲人，走過了街道，並且目送他走了很遠的路。這時，只見盲人臉上溢著笑容，向他們揮手致謝。這個時候，不管盲人還是小朋友，臉上更多的是一種會意的表情，而沒有對盲人的命運感到可憐，因為雙方都對生活充滿了感恩，這種感恩、從內心流出又流向內心，甚至比「陽光」更容易射人心靈，讓看到這個情景的路人都暖暖的，心中很是舒服愜意。原來對人、對事的感恩有這麼強烈的感染力，它的輻射面竟有這麼大。

如果員工與老闆也這樣彼此心存感恩，那麼公司的明天必將充滿濃濃的人情味。這種美好的情景必將遍地生根、發芽、開花、結果。當公司中這種習慣蔚然成風後，一定會成為「繁茂的綠蔭」，讓在「火熱」職場中競爭奔波的人，盡享公司創造的清爽怡人的環境。俗話說，「大樹底下好乘涼」，公司強大了，也必定會給員工帶來福祉。這一切局面的形成，也許就緣於一

顆感恩的心。

因此，感恩不僅對公司老闆有益，對其他人也同樣有益。透過感恩，你會發現，感恩是內心情感的自然流露，它使人更積極，更有活力。所以，千萬不要忘了你身邊的人，你的老闆，你的同事，在他們給予了你了解、支持和幫助時，你要學會感恩，用良好的工作回報他們，這樣不僅能得到他們更多的信任和支援，而且還能給公司帶來更強的凝聚力。感恩的心對己對公司都有益處，何樂而不為呢？

當一個員工滿懷感激，忠心為公司工作時，老闆一定會為這樣的員工設計更輝煌的前景。

微軟總部的辦公大樓裡有一位臨時雇用的清潔女工，在整個辦公大樓幾百個雇員裡，她是唯一沒有任何學歷，工作量最大、拿薪水最少的人。

可是她卻是整個辦公大樓裡最快樂的人！

每一天，甚至是每一分鐘，她都在快樂的工作著，對任何一個人都面帶微笑，對任何人的要求，哪怕不是自己工作範圍之內的，也都愉快並努力的跑去幫忙。

熱情是可以傳遞的，周圍的同事很快被她感染，有很多人和她成了好朋友，甚至包括那些公認的冷漠的人！沒有人在意她的工作性質和地位。她的熱情就像一團火焰；慢慢的，整個辦公大樓都在她的影響下快樂了起來。

比爾蓋茲很驚異，就忍不住問她：「能告訴我，是什麼讓你如此開心的面對每一天呢？」

「因為我在為世界上最偉大的企業工作！」女清潔工自豪的說：「我沒有什麼知識，我感激公司能給我這份工作；可以讓我有不菲的收入，足夠幫助我的女兒讀完大學。而我對這美好的現實唯一可以回報的，就是盡一切可能把工作做好，一想到這些我就非常開心。」

比爾蓋茲被女清潔工那種感恩的情緒深深打動了，他動情的說：「那麼，你有沒有興趣成為我們當中正式的一員呢？我想你是微軟最需要的人。」

「當然，那可是我最大的夢想啊！」女清潔工驚訝的說道。

此後，女清潔工開始用工作的閒暇時間學習電腦知識，而公司裡的任何人都樂意幫她，幾個月後，她成了微軟的一名正式雇員！

這位女清潔工對於工作的感恩，讓人們感覺到她把工作當成了這世界上最神聖的事情和最美麗的饋贈，以這樣的心情工作，任何一個老闆都會為之動容！

正因為如此，五百強企業的門檻毫不猶豫的向一無所有的她敞開了！

工作是老闆送給年輕人最珍貴的禮物。沒有老闆，年輕人也就沒有了工作機會。無論我們取得了多大的成就，都是在這

個禮物的基礎之上實現的。因此，我們應該培養自己的感恩之心、回報之心，用更加努力的行動來回報這份饋贈。

第七章
把事情做對，更要把事情做好

做好的事情要比把事情做好更重要。在做一件事時，我
們不僅僅要把事情做好，更重要的是要做對，做正確。
如果一件事我們做得再好，但卻沒有做正確，往往會適
得其反。

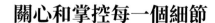

關心和掌控每一個細節

人生的職業生涯裡，每個人都須具備認真嚴謹的工作精神，發現和處理好好職場中的每一個細節。雖然誰也無法準確預測我們最終的成功機率是多少，但是，我們卻要盡可能的留意工作中的細節，把每一個細節進行量化，然後做到最好，這樣才能更好的避免職業危機。

一個人在工作中養成了注重細節的習慣，有時候，偶然的一個細節，還會給你帶來意外的收穫。

從米店小老闆到億萬富翁，這是多大的跨越？這就是億萬富翁王永慶一生的跨越。王永慶和李嘉誠一樣，是典型的東方商人，他們的經商智慧，就是善用細節。王永慶的細節思維值得我們每個人借鑒和學習。

王永慶早年因家貧讀不起書，只好去做買賣。一九三二年，十六歲的王永慶到嘉義開了一家米店。當時，嘉義已有米店近三十家，競爭激烈。當時僅有兩百元資金的王永慶，只能在一條偏僻的巷子裡租一個小店面。他的米店開辦最晚、規模最小，沒有任何優勢，新開張時，生意冷清。

當時，王永慶的米店因規模小、資金少，沒辦法做大宗買賣，也沒辦法做零售。那些地段好的老字號大小米店在經營批發的同時，也兼做零售，沒有人願意到地處偏僻的米店買貨。即使王永慶曾背著米挨家挨戶去推銷，效果也不太好。

　　王永慶覺得要想米店在市場上立足，就必須轉變思路，必須有一些別人沒做到或做不到的優勢才行。很快，王永慶從提高米的品質和服務上找到了切入點。當時農業技術落後，稻穀收割後都鋪放在馬路上晒乾，然後脫殼，這就使一些雜物摻雜在米裡。用戶在做米飯前，都要淘米，用起來很不便，但買賣雙方對此都習以為常。

　　王永慶卻從這一司空見慣的現象中發現了商機。他帶領兩個弟弟一齊動手，一點一點的將夾雜在米裡的秕糠、沙石之類的雜物揀出來，然後再出售。這樣，王永慶米店賣的米的品質就要高一個等級，因而深受顧客好評。有了信譽，米店的生意也日漸熱門起來。同時，王永慶也進一步改善服務。當時，用戶都是自己買米，自己運送，這對於一些上年紀的老人，是件很麻煩的事。王永慶注意到這一點，於是超出常規，主動送貨上門。這一方便顧客的服務，很快為他贏得了市場。

　　每次給新顧客送米，王永慶都細心記下這戶人家米缸的容量，並且問明這家有多少人吃飯，有多少大人、多少小孩，每人飯量如何，據此估計該戶人家下次買米的大概時間，記在本子上。到時候，不用等顧客上門，他就主動將相應數量的米送到客戶家裡。

　　在送米的過程中，王永慶還了解到，當地居民大多數都以打工為生，生活並不富裕，許多家庭還未到發薪日，就已囊中羞澀。由於王永慶主動送貨上門，要貨到收款，有時碰上顧

客手頭緊，一時拿不出錢，會弄得大家很尷尬。為解決這一問題，王永慶採取按時送米，不即時收錢，而是約定到發薪之日再上門收錢的辦法，極大的方便了顧客。

王永慶正是透過運用細節思維，把握好工作中的每一個細節，逐漸發展壯大，最終建立了台塑集團這一企業帝國，王永慶也由此成為一代商業領袖。

要知道，工作其實是由一些小得不能再小的事情構成的，一個不肯在細節上下功夫的人，是做不出太高的業績的。要想不落入職場危機，只有在工作中的每一個細節上下功夫，才能更多的發現機會，平步青雲。

完美執行不需要任何藉口

完美的執行是不需要任何藉口的。擁有完美的執行力是每個優秀員工必須具備的能力。

每一個人都想成為主管，而且你的學歷也不比別人差，社會上確實許多機會能夠讓你成為主管。但是，主管不是任何人都能做得好的。有一位主管曾說，資歷很好的人實在很多，但都缺乏一個非常重要的成功因素，這就是執行能力。

如何提高自己的執行力，不妨從現在開始，向優秀的員工學習，學習如何把你的命令執行下去，如何執行得更完美。

每一個工作 —— 不論是經營事業、高級推銷工作或科學、

軍事、政府機關工作，都要腳踏實的、懂得服從的人來執行。主管在聘用重要職位的人才時，都會先考慮下面這些，然後才決定是否聘用。這些問題有：「他懂得服從嗎？」「他會不會堅持到底把事情做完？」「他能不能獨當一面，自己設法解決困難？」「他是不是有始無終、光說不做的那一種人？」

這些問題都有一個共同的目的，就是設法了解那個人是不是「說做就做」。

再好的新構想也會有缺陷，即使是很普通的計畫，如果確實執行並且繼續發展，都比半途而廢的好計畫要好；因為前者會貫徹始終，後者則前功盡棄。

如果僅僅憑藉想像而不去做的話，根本就做不成任何事。想想看，世界上每一件東西，從人造衛星到摩天大樓以至嬰兒食品，哪個不是把想法付諸實施所得的結果？

當我們研究「人」（包括成功人士、平庸之輩）時，會發現他們分別屬於兩種類型。成功的人都很生動，我們叫他「積極主動的人」；那些庸庸碌碌的普通人都很被動，我們叫他「被動的人」。

仔細研究這兩種人的行為，可以找出一個普遍原理：積極主動的人都是不斷做事的人。他真的去做，直到完成為止。被動的人都是不做事的人，他會找藉口拖延，直到最後他證明這件事「不應該做」、「沒有能力去做」或「已經來不及了」為止。

　　我們一定要學會服從，學會向別人學習，學習他們那種執行精神，不斷去完善自己的執行能力。服從是執行力的表現，無論做什麼事情，都要記住自己的責任，無論在什麼樣的工作職位上，都要對自己的工作負責。

　　不論是一支部隊，一個團隊，還是一名戰士或員工，要完成上級交給的任務就必須具有強有力的執行力。接受了任務就意味著做出了承諾，而完成不了自己的承諾是不應該找任何藉口的。這是一種很重要的思想，展現了一個人對自己的職責和使命的態度。思想影響態度，態度影響行動，一個絕對服從的員工，也肯定是一個執行力很強的員工。

　　在職場中，一名好的員工在接到主管的指令後，會努力將任務完成，而不會有任何懷疑。

　　在一次眾多企業老闆舉辦的管理沙龍上，主持人做了這麼一個測驗，要求參與人員在二十分鐘內，將一份緊急資料送給某晚報社長，並請他在回條上簽字。主持人特別申明：不得拆看信中資料。

　　在這次測驗中，有一名會員大膽的打開了資料袋，發現是個空信封，然後提出了若干批評意見。主持人問各位受邀嘉賓：「作為一名執行者，你認為他這樣做，對嗎？」

　　在場的老闆回答的內容雖然五花八門，但幾乎所有的人都回答：「打開信封是不對的，絕對不能看。」

在企業裡，主管必須堅決的下達命令。一名執行人員可以在執行任務之前盡量了解事實的背景，但一旦接受任務後就必須堅決的執行。領導層的命令，有的可以與執行者溝通，講清理由；有的不行，有一定的機密性，有時就需要做而不需要知道。

對於執行，我們需要熱情，如果一接到任務就想著怎麼樣去完成它，而不去考慮這個任務的可行性，這就是很多主管要找的員工。如果首先是充滿懷疑，不管懷疑大小，團體的目標都是無法實在實現目標的過程中，不管主管決策對不對，執行首先是第一位。第二，要問清楚做事項目，可以提供的支援是什麼？第三是不管做成怎麼樣，必須把結果回饋回來。這點很重要，因為一個領導層，他的決策對不對，是經過實踐來檢驗的。所以不管完不完得成，你也得行動。

戴爾曾把他的快速定制的直銷模式寫成書，廣為傳播，不少企業爭相模仿，但是沒有一家企業能夠超過戴爾集團，原因只有一個，他們缺乏對這一模式的執行力！

主管之所以成功，不是因為他們有多少新奇的想法，而是因為他們自覺不自覺的進行著一項最有效的活動 —— 執行。無論什麼工作，都需要這種懂得服從，擁有完美執行力的人。對我們而言，要想自己有所作為，就要記住自己的責任，無論在什麼樣的工作職位上，都要對自己的工作負責。不要用任何藉口來為自己開脫或搪塞，完美的執行是不需要任何藉口的。

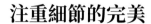

注重細節的完美

　　世界上有很多事情都講究因果相繼，你將工作做得完美無可挑剔，不給工作留遺憾，你才能能遠離職業危機，走向成功之路。

　　注重細節的完美，就是要工作認真，一絲不苟。注重細節的完美就是每一位員工，都必須放對自己的位置，注重每一個細節，用細節的態度和眼光，去發現和消除每一個細小的隱患，並養成一種良好的習慣；注重細節的完美就是每一位員工，都必須清楚明白自己所應負有的職責，我們時時刻刻都要回頭望一下，檢討一下，我們該如何做，我們做得如何？我們是否遺漏了某一個細節？

　　當寶鹼公司剛開始推出汰漬洗衣粉時，市場占有率和銷售額以驚人的速度向上飆升，但是，過了不久，這種強勁的成長氣勢就逐漸放緩了。寶鹼公司的銷售人員特別納悶，雖然進行過大量的市場調查，但一直都找不到銷量停滯不前的原因。

　　於是，寶鹼公司召開了一次產品座談會。會上，有一位員工說出了汰漬洗衣粉銷量下滑的關鍵：「汰漬洗衣粉的用量太大。」

　　寶鹼公司的主管們急忙追問其中的緣由，這位員工說：「看看我們的廣告，倒洗衣粉要倒那麼長時間，衣服是洗得乾淨，但要用那麼多洗衣粉，算起來很不划算。」

聽到這番話，銷售經理立即把廣告經理找來，算了一下展示產品部分中倒洗衣粉的時間，一共三秒鐘；而其他品牌的洗衣粉廣告中倒洗衣粉的時間僅僅一點五秒。

就是在廣告上這麼細小的一點疏忽，對汰漬洗衣粉的銷售和品牌象造成了嚴重的傷害。大大影響到寶鹼公司的利益。而另一家大企業希爾頓卻正是因為抓好了細節，才贏得了全世界範圍內的良好口碑。

希爾頓飯店的創始人康・尼・希爾頓就是一個在「細節」上追求完美的人。他要求他的員工：「大家牢記，千萬不要把憂愁擺在臉上！無論飯店本身有何等的困難，大家都必須從這件小事做起，讓自己的臉上永遠充滿微笑。這樣，才會受到顧客的青睞！」正是這小小的要求，讓希爾頓飯店享譽全球。

一家企業的副總布迪特曾入住過希爾頓飯店。那天早上剛一打開門，走廊盡頭站著的服務員就走過來向布迪特先生問好。

讓布迪特先生奇怪的並不是服務員的禮貌舉動，而是服務員竟然喊出了自己的名字，因為在布迪特先生多年的出差生涯中，在其他飯店住宿時從沒有服務員能叫出客人的名字。

原來，希爾頓飯店要求樓層服務員要時刻記住自己所服務的每個房間客人的名字，以便提供更細緻周到的服務。當布迪特坐電梯到一樓的時候，一樓的服務員同樣也能夠叫出他的名字，這讓布迪特先生非常納悶。服務員於是解釋：「因為上面有

打電話過來，說您下來了。」

吃早餐的時候，飯店服務員送來了一個點心。布迪特問：「這道菜中間紅的是什麼？」服務員看了一眼，然後後退一步做了回答。布迪特又問旁邊那個黑黑的是什麼。服務員上前看了一眼，隨即又後退一步作答。布迪特詢問服務員為什麼每次都要後退一步。服務員回答說是為了避免自己的唾沫掉落到客人的早點上。

可見，只有將細節、小節、小事做到極致，才算做好了自己的本職工作。

許多人做事不精益求精，只求差不多。儘管從表面看來，他們也很努力、很敬業，但結果總無法令人滿意。其中重要的一點就是沒有把細節做到極致做到完美。

所以，工作細心，盡善盡美，在工作中顯得尤為重要。無論做什麼事，都力求至善至美的結果，這樣不僅能提高工作效率和工作品質，而且能夠樹立起一種高尚的人格。

試想，如果在我們年輕時候在職場上將自己的每份工作都做到了最好，並持有著一種追求完美的態度來認真工作，那麼，你還會陷入職業危機嗎？人生中的諸多遺憾之事還會發生嗎？所以，你只有將工作做到完美、不給工作留遺憾，你才能做到真正的今生無悔！

在每天工作告一段落的時候，抽出幾分鐘問自己幾個這樣

的問題吧：

我今天的工作，是不是比昨天進步了？

我制定的目標是不是已經達到了？

目前業已完成的工作能否做得更好呢？

沒有什麼事情可以一蹴而就，想要事事完美，就需要把目標分解開，並讓它在每一天都能得到檢驗。時間久了，追求完美自然會成為你工作的一種習慣，並促使你更快的提升業績，幫你更好的實現一個個人生目標。

或許，有人會產生疑問，「完美工作的標準又是什麼呢？」的確，對於很多工作，我們可以透過量化、精細化等標準去衡量。但對於一些我們無法用標準去衡量的工作，又如何掌握好這個「完美」的尺度呢？

對此，我們要說：完美在你的心中。在你每時每刻的一舉一動中！

某年輕的裁縫，每次西服掛完裡子要封口時，他總要費力的把衣服從那個開口處翻出，然後拿著一把小剪刀，仔仔細細的剪上面的線頭。有人問：「那些線頭何必剪呢？把封口封住，一直到穿舊也沒人看得到啊？」他卻淡淡一笑：「別人看不到，我看得到啊，要是不剪我心裡會不舒服的。」

是的，一個線頭剪與不剪，都不會成為他人注目的焦點，也無關大雅。但對於一個內心時刻充滿著「完美工作」熱情的人

來說，這卻是必然要做的一項重要工作。因為在他的心目中，是工作就應做到最好，否則就是對顧客不負責，就是對自己不負責，就是對自己的人生不負責。擁有這樣一個追求完美、不給工作留遺憾的工作態度，工作何愁不能做到最好，工作者又怎能會走進職業危機呢？

在我們的實際工作中就是這樣。對於一些可做可不做的工作，我們身邊的大部分工作者都會這樣想：「做好做壞，都沒有人去特意檢查，也沒有人會格外留意，何必費時費力呢？」於是，他們這樣想了，這樣去做了，應付了事、為薪資而工作、做一天和尚撞一天鐘的想法就會逐漸占據他們的頭腦，並會令其永遠也成為不了一名優秀者、成功者。

人不是動物，不需要用鞭子趕著才走路，更不需要用枷鎖緊鎖才去工作。當每個員工將追求完美變成一種工作習慣時，就能從中學到更多的知識，累積更多的經驗，就能從全身心投入工作的過程中收穫快樂。這種習慣或許不會有立竿見影的效果，但可以肯定的是，當「做不到完美」成為一種習慣時，其後果將可想而知 —— 它不僅可以令你走向職業危機，更會讓你走進人生危機。

「如果大家做得不好，那麼，微軟離破產就只有十五個月！」這是比爾蓋茲時常告誡員工的話。這聽起來有些聳人聽聞，然而，仔細品味，確實發人深省！比爾蓋茲深知：微軟要麼成為行業的龍頭老大，要麼就會被人吞併或破產。

同理，作為在職位競爭激烈的環境中工作的人，要麼你因為做得最好而勝出，要麼你被職場淘汰。職場風雲變幻，每一個公司都像一列高速運轉的火車，隨時有人上車，也有人下車。其標準就是，合不合適，夠不夠優秀。

而評價合適與優秀的標準。就是看你是否能把工作做到最好。

自然，由於經驗和學識等限制，一個人不可能各方各面都很出色，也不可能事事都做到完美。但是，一旦你有了這種強烈追求完美的欲望，就會促使你更加認真努力的奮鬥，更快的走向成功。各行各業的成功人士並不見得都是天才，但是事事追求最好的信念總是時刻激勵著他們，最終讓他們取得了令眾人矚目的成績。

客觀的講，工作不僅是生存的需要，也是實現個人價值的需要，跟我們的人生息息相關。將工作做到完美。是對企業的負責，更是對自己人生的負責，這是一種雙贏的行為。對個人而言，獲得的收益還要更多，因為它不僅能讓你遠離職業的危機，它還會改變的將是你的一生！

工作面前無小事

「把每一件簡單的事都做好就是不簡單，」這是對待工作的態度問題，在工作中，沒有任何一件事情，小到可以被拋棄，

沒有任何一個細節，細到應該被忽略。大事是由眾多的小事累積而成的，忽略了小事就難成大事。從小事開始，逐漸鍛鍊意志，增長智慧，日後才能做大事，而眼高手低者，是永遠做不成大事的。

速食鉅子麥當勞公司，就非常注重對員工觀念的培養。當新員工進入麥當勞公司時，都會得到這樣的勸告：「工作中的每一件事都值得你們去做，包括那些細小的事，你們不但要做，而且要非常用心去做。因為成功往往都是從點滴的小事開始的，甚至是很多細小入微的地方。」

麥當勞公司之所以如此強調工作中「小事」的重要性，是源於一名員工對一些細微小事的忽略造成了麥當勞公司的巨大損失。

在一九九四年第十五屆世界盃足球賽上，麥當勞公司企圖抓住商機，一展身手。一位企劃人員向公司提出了自己的建議，而且得到了公司的認可。於是這名企劃人員便和其他同事緊鑼密鼓、加班的進行各方面工作的準備。

在開賽期間，麥當勞公司將自己精心製作的印有參賽的二十四個國家國旗的食品包裝袋派發給觀眾。原本以為這項創意必將受到各國球迷消費者的歡迎，但不幸的是，在沙烏地阿拉伯的國旗上有一段古蘭經文，這受到了阿拉伯人的抗議。在阿拉伯人看來，使用後的包裝袋油汙不堪，往往被揉成一團，

丟進垃圾桶，這被認為是對伊斯蘭教的不尊重，甚至是對《古蘭經》的玷汙。

於是，面對嚴厲的抗議，這次花費不菲的行動泡了湯，麥當勞公司只有收回所有的包裝袋，坐了一回冷板凳，當了一回看客。負責企劃的人員也不得不引咎辭職。

第一次就把事情做完美

在工作中，第一次就把事情做到完美，是落實工作的第一步。所謂「第一次就把事情做完美」，簡單的講，就是第一次就把事情做得符合要求。稻盛和夫這樣提醒人們：要完成一個產品，百分之九十九的努力是不夠的。一點差錯，一點疏忽，一點粗心都不能允許。任何時候都要求百分之百的「完美主義」。

在落實過程中，最沒有效率、最倒胃口的事情就是一件事情開始沒有做完美，被推倒重來。工作中這樣的事情比比皆是。每個人一生當中都會犯很多這樣的錯誤，有的是不起眼的小錯誤，有的是傷筋動骨的大錯誤，不管錯誤大小，我們都要為之付出代價。

第一次就把事情做完美，不是一個簡單量化的工作標準，而是一個改變所有企業和個人的有效的工作哲學和方法。

第一次就把事情做完美好，是一個人做人做事的哲學，是一個人實現事業成功和人生幸福的第一法則。

第一次就把事情做完美，是對員工的期待，它時時刻刻提醒每一位員工，要盡最大的可能，在接手每一件事情時，抱著「一次就做完美」的信念。

第一次就把事情做完美，是對「品質」的嚴格要求，只有「第一次就做完美」，才能盡可能減少廢品，保證工作品質。

第一次就把事情做完美，需要員工有扎實的職業技能基礎，需要員工對「第一次」從事的工作有充分的準備。

第一次就把事情做完美，不僅可以有效的減少做錯工作所帶來的成本損失，還可以有效的避免時間的浪費，提高工作效率保證落實。

假如第一次沒有把事情做完美，就會導致金錢、時間、原料、精力的損失和浪費。

卡內基曾經說過：「任何一個人都沒辦法改變給人的第一印象，因為你的第一印象永遠留在人家的心裡。」有些人會說，我這一次沒有表達好、沒有表現好，我以後再來完善自己，那只是徒勞而已。第一次實在是太重要了，一旦第一次出現差錯，就很難改變差錯的現實，因為差錯造成的影響和損失，需要付出雙倍甚至更多的代價才有可能彌補。

著名管理學家克勞士比講了這樣一則故事：

在一次工程施工的過程中，師傅們正在緊張的進行著工作。這時，有一位師傅的手頭需要一把扳手。他便對身邊的小

徒弟說：「去拿扳手來。」

小徒弟飛快的跑去。師傅等了很長一段時間，才見小徒弟氣喘吁吁的跑回來，拿回一把巨大的扳手說：「師傅，扳手拿來了，真難找！」

師傅一看，卻發現這並不是他想要的扳手。於是，他非常生氣的對小徒弟說：「誰要你拿這麼大的扳手呀？」

小徒弟沒有說話，但是顯得非常委屈。這時，師傅才發現，自己叫徒弟拿扳手的時候，並沒有告訴徒弟自己需要多大尺寸的扳手，也沒有告訴徒弟到哪裡去找這樣的扳手。他自己以為徒弟應該知道這些，但實際上徒弟並不知道。師傅明白了：發生問題的根源在自己，因為他並沒有明確告訴徒弟做這項事情的具體要求和途徑。

第二次，師傅明確的告訴徒弟，到庫房的某個位置，拿一個多大尺碼的扳手。這一次，沒過多久時間，小徒弟就把師傅想要的那個扳手拿回來了。

在這個故事中，小徒弟因為第一次沒有把事情做完美，浪費了時間。而更重要的是，要做到第一次就把事情做完美，首先就要知道什麼是「完美」。在工作中，有很多人都遇到過越忙越亂，解決了舊問題，又產生了新故障的情況，在忙亂中造成的錯誤，輕則自己手忙腳亂的改錯，浪費大量的時間和精力；重則重做檢討，給公司造成嚴重的經濟損失。

第一次沒把事情做完美，忙著改錯，改錯時又很容易製造新的錯誤，惡性循環的死結越纏越緊。在「忙」得心力交瘁的時候，那麼，我們是否考慮過這種「忙」的必要性和有效性呢？

盲目的忙亂沒有任何價值，必須終止。再忙，也要停下來思考一下，用方法解決問題，而不要盲目的拼體力。第一次就把事情做完美，把該做的工作落實到位，這正是解決忙亂的要訣。

在行為準則的貫徹執行上，「第一次就把事情做完美」是一個應該引起足夠重視的理念。如果這件事情是有意義的，具備把它做完美的條件，為什麼不現在就把它做完美呢？因為把事情一步一步的做完美了，就可以達到第一次就把整個事情做完美的境界。

總之，要保證工作落實到位，我們就要用高要求和高標準來要求自己，在做事的過程中，爭取第一次就把事情做完美，不給自己留下再三修改的後遺症。

橡皮擦絕對擦不掉錯誤

鉛筆寫字發生了錯誤用橡皮擦擦掉、重新再寫就行了，抱有這種想法的人不在少數。

但是，在工作中有很多用橡皮擦絕對擦不掉的事情，而且，抱著「錯了改改就行」這種想法做事，小的失誤就會頻繁發

生，其中就隱含了導致無法挽救的重大錯誤的危險性。

但在日常工作中，我們經常看到這樣的現象：有些員工對於工作中的細微疏漏不以為然，或者根本就沒放在眼裡，總認為是小事一樁，沒什麼關係。有的員工對於廠裡的檢查或是處罰還有不少的抱怨，認為是「小題大作」、是「大驚小怪」，是「雞蛋裡面挑骨頭」，是「故意找麻煩」，「故意跟我過不去」……這種想法是絕對錯誤的，絕對要不得的。

「小題大作」不僅重要，而且很有必要，因為「小題大做」抓得早是小苗頭、是隱患、是未然，這對於企業最後成敗是最有利的。「小題大做」，既是一種態度，也是一種方法，更是一種理念。如果企業上下，從主管到員工，都能做到「小題大做」、「大驚小怪」，都有這樣的觀念和工作態度，都能把「小事」當「大事」來抓，就一定能夠做得更好。

無論何時何事，「錯了改改就行」的想法絕對不能允許。平時就要用心做到「有意注意」，不允許發生任何差錯。貫徹這種「完美主義」才能提高工作品質，同時提升人自身的素養。

日日反省，日日更新

反省是人類可貴的品格，只有不斷的自我反省，才能不斷的進步。

曾子曰：「吾日三省吾身，與人謀而不忠乎，與朋友交而不

信乎，傳不習乎？」意思是說，我們每天都要對自己的言行和心理狀態進行多次的反省，是不是在盡心盡力的為別人做事？是不是真心誠意的在和別人交朋友？是不是溫習了老師所傳授的知識？是否自私的只考慮到自己的利益？

　　只有在不斷的自我反省中，才能發現自身存在的不足，從而隨時修正自己的言行，不斷取得進步。稻盛和夫每天都要進行自我反省，他說：「每天結束後，回顧這一天，進行自我反省是非常重要的。比如：今天有沒有讓人感到不愉快？待人是否親切？是否傲慢？有沒有卑怯的舉止？有沒有自私的言行？」他認為回顧自己在一天當中的行為，再對照做人的準則，確認自己的言行是否正確，對完善自己來說是非常重要的。在自己的言行中，如果有值得反省之處，即自己出現自滿、傲慢、怠慢、不周、過失這些錯誤言行的時候，就應該自我修正，加強自律，哪怕只是一點點，也要改正。

　　常警示，就能分清善惡美醜；師賢達，才能明辨是非黑白。反省自己的言行，才能看清自己的得失，才不會因為只看見成功而忽略了自己的失誤，從而避免自己迷失在已取得的成績裡。

　　天天反省是提升人格、磨礪心志的最佳途徑。透過自省提高心性修養，能使心的本性排除層層干擾和蒙蔽而展現出來；透過自省加強道德修養，能提高自己的精神境界。常常自省，就能發現問題，精神修養也能得到提高，進而也容易發現解決問題的辦法；每天反省，就能降低我們犯錯誤的機率與次數，

最終能擁有美好的人生。

一九九五年，網路浪潮方興未艾。面對網路的誘惑與挑戰，微軟公司的一位董事曾就公司的網路策略問題徵詢比爾蓋茲的意見：「我們為什麼不多做一些與網路相關的工作呢？」當時，比爾蓋茲用近乎揶揄的口吻回答說：「這是一個多麼愚蠢的建議呀！網路上的所有東西都是免費的，沒有人能賺到錢。」

但當比爾蓋茲宣布微軟不會涉足網路領域後，許多員工提出了尖銳的反對意見。不少員工直接發信給比爾說，這是一個錯誤的決定。當比爾蓋茲意識到自己的決定並沒有得到大多數人支持後，他花了大量時間重新認識和理解網路產業，最終，他承認自己以前的決定是武斷和錯誤的。

為了扭轉公司的方向，比爾蓋茲親自撰寫了《網路浪潮》這篇著名的文章。同時，他把許多優秀員工調到網路部門，也因此取消和削減了許多與網路無關的產品。那些曾經直言勸諫的員工不但沒有受到處分，而且還被委以重任，逐漸成為公司重要部門的管理者。結果，當年微軟公司很快成為了網路領域的領頭羊。

在瞬息萬變的軟體行業裡，自省的精神、直接的溝通、寬大的胸懷以及自我修正的魄力才可以臨危不亂 —— 從這個意義上說，正是蓋茲的自我反省拯救了微軟公司。

世間人不管是誰，就算學問再大、職位再高，也不可能沒

有缺點，不犯錯誤，百分之百永遠正確。自省，就是要經常運用批評和自我批評這個銳利的武器，發展積極的思想，堅持真理，修正錯誤。自省是一種境界、一種態度，是對自身價值的真正肯定。自省是一種思想境界和覺悟的高度展現，也是人品人格自我提升的表現。

詹姆斯・埃倫說過：「如果你不會反省，你的內心將長滿雜草。」這是將自我反省比喻為對心靈的耕耘。詹姆斯・埃倫在他的《原因和結果的法則》一書中寫道：

出色的園藝師會翻耕庭園，除去雜草，播種美麗的花草，不斷培育。

如果我們想要一個美麗的人生，我們就要翻耕自己心靈的庭園，將不適合的思想一掃而光，並將它培育下去。

詹姆斯・埃倫用雜草比喻我們內心深處一切不好的想法，出色的園藝師不僅要翻耕庭園，還要除去雜草。每個人都是自己心靈的園藝師，我們要翻耕自己心靈的庭園，就要透過天天反省，掃除心中的邪念，然後播種美麗的花草，讓清新、高尚的思想占領心靈的庭園。透過反省除去自己的邪惡之心，繼而培育自己的善良之心。

如何做一個高尚的人？一個品格高尚的人應該擁有怎樣的形象？我們應該帶著這樣的問題去描繪心中理想的自己，從而不斷的省察我們的言行，完善自身，以求達到這個理想形象的

要求。只有在人生實踐中不斷反省，我們才能提升自己的精神境界，提高心性。

　　一個人之所以能夠不斷的進步，是因為他能夠不斷的自我反省。正如零售行業的經營透過盤點就能知道銷售情況一樣，生活中我們也要學會「盤點」自己的心靈，因為「盤點」心靈是接近真善美、遠離假惡醜的過程；「盤點」心靈，是堅持自我完善、走向成功的過程。

偉大源於細節的積累

　　「若要時針走得準，必須控制好秒針。」當人們忽視自己眼前的細節而到處尋覓成功的良機時，有的人已經注意到這些細節並且運用它們獲得了成功，這就是細節帶來的差距。

　　偉大源於細節的累積，一個追求卓越的人必須在細節上下苦功，在細微處尋找自身的優勢。

　　有位醫學院的教授，在上課的第一天對他的學生說：「當醫生，最要緊的是膽大心細。」說完，便將一根手指伸進桌上盛滿尿液的試杯裡，接著再把手指放進了自己嘴裡。

　　看完教授的舉動後，學生們都很震驚。教授隨後將那個杯子遞給學生，讓每一位學生照著他的樣子做。看著每個學生將手指伸入杯中，然後再塞進嘴裡，忍著嘔吐狼狽的樣子，他微微笑了笑說：「不錯，不錯，你們每個人都夠膽大的。」接著教

授又難過起來：「只可惜你們都不夠細心，沒有注意到我伸入尿杯的是食指，放進嘴裡的卻是中指啊！」

　　也許你不止一次看過這個故事，但卻沒有認真的分析故事的深層意義。在故事中，教授用哪根手指伸入尿杯，而哪根手指放進嘴中就是關鍵性的細節，所有忽視了這個細節的人都受到了教訓。教授這麼做的本意就是要讓學生明白，無論是在學習還是工作中，必須學會觀察細節，不能忽視一些自認為不重要的事。

　　作為一名優秀員工，每天要處理的事務十分繁多，不可能將所有的精力全部投入細節之中，還必須確定策略的方向，做出決策。如何能在忙碌的工作中，既確定策略方向，做出正確的決策，又能透過挖掘和關心關鍵性細節對工作進行控制呢？

　　田華是一名貿易工作者。一次，她負責一批出口抱枕貿易項目，而這批抱枕卻被進口方加拿大海關扣留了。加拿大方認為抱枕品質有問題，要求全部退回。

　　田華怎麼想也想不出哪裡出問題。因為在與加拿大進口方的整個合作過程中，抱枕的面料、花色都是通過打樣和對方反覆確認的。那究竟是什麼原因讓海關扣留了貨物，甚至要求全部退貨呢？

　　最後透過仔細調查，才知道問題出在抱枕的填充物上。因為負責這項工作的員工誰都沒有重視填充物的作用，而都把注

意力放在了抱枕的外套上。由於和製造廠商沒有就填充物的標準做具體要求，製造商在其中混入了部分積壓的原料，導致在填充物中出現了小飛蟲。

就因為員工忽略了這些細節，使公司蒙受巨大的經濟損失，在客戶心中留下了不良的印象，為今後公司的發展設下障礙。

在本案例中，雖然填充物並非最關鍵的部分，卻也應作為產品的一個組成部分得到與其他部分相同的重視。如果當時有員工考慮到這個細節，或許結果就會皆大歡喜。

事物都是有聯繫的，而你的成敗往往就由一些毫不起眼的細節決定。雖然決定事物性質的通常是主要的方面，但是關鍵性的細節卻同樣有著扭轉全面的重要作用。

實際上，我們都明白：抓住關鍵細節，就是《孫子兵法》「知己知彼，百戰不殆」的現代運用。抓住關鍵細節，有助於我們知彼，也大大有益於我們「知己」。

對於一名想提升自我的員工來說，忽略了百分之一的細節都可能造成百分之百的失敗。

「商業教皇」布魯諾蒂茨說過：「一個企業家要有明確的經營理念和對細節無限的愛。」一個成熟的職場人士，必須具備對細節的充分掌控能力。「千里之堤，毀於蟻穴」，往往正是這毫不起眼的細節，決定了事情的結局。忽視細節會付出慘痛的代

價。往往在你的不以為意的瞬間，就錯失了獲得成功的機會。

　　點滴的小事之中蘊藏著豐富的機遇，不要因為它僅僅是一件小事而不去做。要知道，所有的成功都是在點滴之上累積起來的。

第八章
終身學習，事半功倍好做事

古代哲人荀子曾說過：「學不可以已。」也就是說，人一旦停止了學習，就會退步。從人的自我發展和自我實現來說，一旦停止學習，也就到頭了。一個人要想做成事，就要學習知識。現在已經是知識經濟的時代，掌握了現代知識也就掌握了自己的命運。時代還在不斷的前進，知識也在不斷的更替，人也就要不斷的學習，才能跟上時代發展的腳步。

開發潛在的人脈資源

　　人脈是一個人通往財富、成功的入門票。人脈競爭力在一個人的成就裡扮演著重要的角色。一個人能否成功，不在於你知道什麼，而是在於你認識誰，如何利用你的人脈。

　　人脈也就是通常人們所說的人際關係網。在現代職場，一個人能否有更高的收入，不僅取決於本職工作的完成品質，更大程度上還取決於他的人際關係網路。戴爾‧卡內基曾說：「專業知識在一個人成功中的作用只占百分之十五，而其餘的百分之八十五則取決於人際關係。」良好的人際關係及其運用，是現代人發財致富、功成名就的第一法寶。人脈資源被認為是一種潛在的無形資產，是一種潛在的財富 —— 人生最重要的財富、事業最寶貴的資本，它不是直接的財富，但是如果你沒有它，就很難聚斂財富。

　　因此，你要想永遠擺脫職業的危機，而在職場上能夠有更大的發展，不妨學會善用人脈資源。一個好的人脈關係網，可以讓你的個人職業生涯和生活更容易成功，帶來更多財富。

　　蒂斯在美國的律師事務所剛開業時，連一台傳真機都買不起。移民潮一浪接一浪湧進美國時，他接了許多移民的案子，常常三更半夜被喚到移民局的拘留所領人，還不時的在黑白兩道間周旋。他常開著一輛掉了漆的豐田車，穿梭在小鎮間，兢兢業業的做著職業律師。

　　由於他接觸的大多都是移民，也便結交了不少移民朋友。在這些移民朋友的幫助之下，不到幾年的時間，他就擁有了上億美元的資產。

　　試想一下，如果蒂斯是不願意交朋友的人，那麼他的律師事務所是不會從連傳真機都買不起，到幾年的時間內擁有資產上億美元。更不可能在他最落魄的時候，會受到總裁那麼大的恩惠。無意間的滴水之恩，帶來的是受助者日後的湧泉相報。這些都是蒂斯的人脈在幫助他。

　　常言說「一個好漢三個幫，一個籬笆三個樁」，「一人成木，二人成林，三人成森林」，懂得建立人脈，便可以得貴人幫助，獲得多方援助，可以讓你比別人更快速的獲取有用的資訊，進而轉換成工作升遷的機會，或者財富；而在危機來臨或關鍵時刻，也往往可以發揮轉危為安的作用。

　　作為一名員工，擁有良好的人際關係，才能在自己周圍創造出一個和諧的工作環境，才能有利於工作上的交流，以便能夠透過團隊的力量進行有效合作，促進工作上的進展；同時也對一個人獲取高薪及職業生涯的長遠發展大有裨益。

　　下面是一位如今小有成就的年輕人的真實經歷和切身體驗。他用自己的五年人生歷程，證明了一句話：有效的人脈關係網能夠幫助你成就你的事業。

　　五年前，他考上了一所不錯的大學，由於家裡沒錢，他沒

上成大學，只得進城謀生，成了一名送水工。

　　他很珍惜送水工這份工作，雖然一般人覺得送水很下等。每天，他騎著自行車，後面掛著三四桶水，走街串巷，把每一條街道都跑遍。送水到客戶家裡時，有的樓層沒有電梯，他就扛上去。每天回到家中，他會感覺骨頭都快累得散架了，晚上還腰疼得睡不著覺。

　　無論見到哪位客戶，他都很有禮貌；每次送水到客戶家，他都是輕輕的敲門，脫掉鞋光著腳進屋的。每替一位客戶送完水，他都會在心裡默念上幾遍，記下客戶的姓名和用水情況。

　　送水工通常都是按件計酬的，一個送水工月收入只有五百元左右。他很勤快，但每個月也不過六百元收入。可是，就是這樣一份又苦又累、收入又低的送水工作，他一做就是五年。在這五年裡，很多客戶都與他相熟，不少人好奇的問他：「年輕人，你年輕力壯，為什麼不去找更多錢的事做呢？」他回答：「我覺得送水工這工作挺好的，我喜歡做。」

　　五年後，他辭職了。他用自己所有的積蓄開了一家送水公司。人們認定他必敗無疑，城裡的人家早就訂了水，他一家新開的公司，誰訂他的水啊？

　　令人意外的是，他很快就擁有了許多訂水客戶，都是他五年來認識的老客戶和老客戶們的親朋好友。迅速的，全城送水業務的一半份額都是他的了。他也不需要親自去給別人送水，

只要坐在辦公室裡接洽業務就行，因為他招聘了十多名送水工。慢慢的，他的業務做得越來越大。

有人向他討教成功祕訣：「你是怎麼創造這個奇蹟的？」他說：「在這座都市裡，有幾個人送水能送上五年的呢？只有一個，那就是我！在這五年裡，我拼命的結交客戶，給他們留下好印象。我問他們，要是我開了公司，訂不訂我的水？他們都表示願意訂。水都是一樣的，不同的是人。五年下來，喝我送去的水的客戶根本不記得我以前所在的送水公司，只記得我這個人。因此，我的公司一開張，就贏得了這麼多客戶。」

可見，人脈關係帶給一個人的收益可能是無法預計的。作為職場人，你的人脈網路越寬，你賺錢的門路也就越多，同時，你距離職業危機也就越遠。所以，要想使所做的工作卓有成效，為日後自己的事業打下基礎，懂得學會利用人脈資源，是一件絕不能忽略的大事。

那麼，我們該如何開發潛在的人脈資源呢？

（1）熟人介紹

根據你的人脈發展規劃，可以列出需要開發的人脈對象所在的領域，然後，就可以要求現在的人脈支持者幫你尋找或介紹你所希望的人脈目標，然後，創造機會，採取行動。

（2）參與社團

參與社團可在自然狀態下與他人互動建立關係，從中學習

服務人群進而創造商機並擴展自己的人脈網路。唯有接近人群，打開人脈通道，一通百通，才是創造財富和尋找人生機遇的最佳捷徑。

（3）利用網路

現代社會已經進入網路時代，透過網路交流可以使你結交更多的朋友。

（4）參加培訓

志同道合的平台，有三大好處：一是走出去方知天外有天、人外有人；二是一學習才知道自己孤陋寡聞；三是培訓班不僅是一個學知識、長見識、開思路的好地方，更是我們借此拓展人脈資源的好機會、好平台。

（5）參加活動

表現自己、結交他人的舞台，你必須從這次活動中有所收穫，那就是有利於豐富你的人脈資源。

（6）創造機會

施比受更有福，雖然是老生常談，但如果你一直秉持這個信念，不管往來人的階級高低，總是盡量幫助別人，在你需要的時候，別人自然也會幫助你。

充電，靈活的適應未來的工作

　　當今世界是資訊時代，每天出版的圖書、報刊及科學發明創造成千上萬，而你學習吸收知識的時間、能力、條件均有限，不可能一勞永逸，以不變的職業知識結構，去應付萬變的職業生活現實。況且你的知識陳舊率也是驚人的高，你在大學所學的知識，在畢業十年後，有用的就僅剩百分之二十了。可見，更新和補充知識是伴隨你人生整個過程的活動。你必須時時的進行自我「充電」，學會怎樣不斷的掌握新技術來改進和發展你的職業生涯，以保證自己始終在激烈的職業競爭中立於不敗之地。

　　職業生涯瞬息萬變，尤其是科學技術日新月異，不斷給職業生涯注入新的內容和活力，你必須順應時代潮流，掌握新的學習方法，以及比過去任何時候都更加有效的思考問題和交流資訊的能力，才能機動靈活的適應未來的工作。透過學習和更新知識技能，你會感到自己的工作不斷有新的樂趣，而不再是被禁錮在一個呆板單調的職位上，像一台機器在不停的運轉。既然你熱愛所從事的職業，希望繼續工作下去，那麼，你就必須更加勤勉，主動自覺的學習，不懈的發展和完善自身素養，其中包括決策、創造、社交能力及分析、評估、綜合和歸納事物本質的能力等等。這些基本素養可以使你的工作與你的人生融為一體。

如果你不能掌握新的詞彙，你就沒辦法用簡單明瞭的文字和語言來表述自己的思想，你就會在未來社會裡感到束手無策，你的職業生涯也將變得黯然失色，最終成為一個落伍者。

同樣一份職業，同樣由你來做，有熱情和沒有熱情，效果是截然不同的。前者使你變得有活力，工作做得有聲有色，創造出許多輝煌的業績；而後者，使你變得懶散，對工作冷漠處之，當然就不會有什麼發明創造，潛在能力也無所發揮；你不關心別人，別人也不會關心你；你自己垂頭喪氣，別人自然對你喪失信心；你成為這個職業群體裡可有可無的人，你也就等於取消了自己繼續從事這份職業的資格。可見，培養職業熱情，是競爭至關重要的事情。

首先，你要告訴自己，你正在做的事情正是你最喜歡的，然後高高興興的去做，使自己感到對現在的職業很滿足。

其次，你要表現熱情，告訴別人你的工作狀況，讓他們知道你為什麼對這項職業感興趣。

事實上，每個人都有理由充滿工作熱情，不論是作家、教師、工程師、工人、服務員，只要自己認為理想的職業就應該是熱愛的，熱愛也就自然珍惜。但有些職業在經過深入了解以後，可能會感到無非如此，自己用不著付出多大努力，已是綽綽有餘，便以例行公事的態度從事之。這樣問題就出來了。你雖然熱愛自己的職業，卻不知道怎樣把職業掌握在自己手裡。

其實，再熟悉的職業，再簡單的工作，你都不可掉以輕心，都不可沒有熱情。如果一時沒有煥發出熱情，那麼就強迫自己採取一些行動，久而久之，你就會逐漸變得沒有熱情。既然你相信自己從事的職業是理想的，就千萬別讓任何事情阻礙了你的工作。

世上許多做得極好的工作，都是在熱情的推動下完成的。關鍵所在，是要有把工作做好的熱情，並能善始善終。

你常常會遇到這樣的情況，有的職業，你認為是很好的，也蠻有工作熱情，可常聽到種種非議，在你的熱情上潑冷水。這時，你如果自己掌握不住，就會把一份好端端的職業斷送掉。應該承認這種因素是客觀存在的，但只是影響熱情的外在原因，保持熱情的內在因素是良好的心理素養。要相信你認為好的，必定是好的。與其擔心別人的評論，不如設法完成你所擇定的事情，創造出無可爭辯的成績，讓人刮目相看。

有這樣一個故事：一個青年，他經常坐火車、輪船旅行遠方。每次在船車中，他總是隨身帶些讀物，如袖珍書本、學校講義，他利用別人很容易浪費掉的零星時間讀書，累積知識，以求進步。透過這樣日積月累，他掌握了更多的知識，包括歷史、文學、科學等等。這些知識雖然一時用不著，但是，總有用得著的一天。後來，這個年輕人應招一所大學的講師，他憑著自己豐富與廣博的學識被學校錄取了。後來他對朋友說，多虧了幾年的讀書。

　　平時不用功，臨危抱佛腳，這種學習態度要不得。不論你工作多忙，在工作之餘或睡覺前，你完全可以騰出十分鐘讀書。那些老說自己沒時間讀書的人，其實是為自己找藉口。你可以把時光浪費在閒聊中，在無限空虛的感嘆中，為什麼不能整理自己的情緒讀一下書？讀書使人增加知識，勤奮讀書的人，比起那些有天賦但不讀書的人更有修養，取得成功的機率更高。如果你有一種孜孜不倦以求進步的精神，你就會超越別人，超越那些不讀書天賦比你高的人。

　　有的人或許以為利用閒暇的時間來讀書會犧牲自己的其他時間，或者影響工作，這樣的想法是錯的。讀書的作用之大，對於人的一生來說，太重要了。生活競爭日趨劇烈，生活情形日益複雜，如果你沒有學識，你就有可能被這個社會淘汰出局。

　　當然，也許你會這樣想，把時間放在讀書上，豈不是浪費了做大事的時間？其實不然，這裡說的是請你每天騰出十分鐘讀書，不是要你整天讀書。十分鐘雖少，但可以集腋成裘，日積月累，方能充實你的知識寶庫，漸漸的推廣你的知識地平線。將一分一秒的閒暇時間，換來種種寶貴的知識。知識可以給予你能力，使你得以上進，這種機會難道你忍心放棄嗎？

　　耶魯大學的校長海特萊曾經說：「各界的人，如商業界或產業界中的人，都曾告訴我：他們最需要、最歡迎的大學生，就是那些有選擇書本的能力及善用書本的人。

養成每天讀十分鐘書的習慣。這樣每天十分鐘,二十年之後,你的知識水準一定前後判若兩人。只要你所讀的都是好的東西。大多數人都肯在自己所喜歡的事上留出相當的時間來。假使你真有求知之飢渴、努力學習的熱望,你總會擠出時間來的。

讓自己不可替代

近幾年來,「核心競爭力」一詞已經成為職場人士經常談論的熱點概念,企業管理者強調企業要有自己的核心競爭力;企業員工也認為擁有核心競爭力是才有生存的本錢。一時間,核心競爭力成為了所有人關心的焦點。競爭力是成功的原因,核心競爭力則是持續成功的原因。

核心競爭力的成長是職業持續性發展的基礎。隨著年齡的增長和工作經驗的累積,有的職場人士保持著良好的發展勢態,有的卻越來越落伍,競爭力越來越弱。技術層面上,長江後浪推前浪,管理能力上,又沒能適時進行進修,因此警惕職場核心競爭力危機,是職場人士需要適時反省的問題。

通常上班族們總是感覺自己的能力成長速度在減慢甚至停止,往往是職業危機的一個首要信號,對於三十歲以下的職業人來說,這就顯得尤為嚴重。因為在三十五歲前,職業核心競爭能力必須靠自己主動拚搏才能獲得。對於如何擺脫這個發生

概率極高的問題，還是要透過職業規劃來客觀科學的解決，了解自己的長期發展目標，制定相應對策，就可以盡快走出這個職業冬天。

在我們生存的這個世界上，每個人都是獨一無二的。人各有長，人各有短。我們也沒有必要去要求自己和別人一樣，如果大家所掌握的知識都是一樣的，那麼這個世界就會處於停滯狀態。同時我們也沒有必要要求自己在所有領域都能精通，事實上，個人精力的有限也決定了這是不可能的。真正聰明的人，會根據自身的特點，挖掘自己身上具有而別人不具有或者很少人具有的能力。獨一無二的人往往就是最成功的人，那些所謂的天才，就是把自己的某種獨特性甚至是某種缺點發揮到極致的人。

其實在某種程度上說，尋找核心競爭力就是尋找差異，尋找自己身上與別人不同的地方，尋找自己身上的個性。美國MIT多媒體實驗室主任尼葛洛龐蒂說：「我們在招聘時，如果有人大學畢業時考試成績全部是 A，我對他不感興趣；如果有人在大學考試中有很多 A，但卻有兩個 D，我們才感興趣。因為往往在大學裡表現得很好的學生，與我們一起工作時，表現得並不那麼好。我們就是要找由於個性與眾不同，在大學學習時並不是很用功的那些人。這些人往往很有創造性，對事物很警覺，反應非常機敏。人才更多的是一種心態，是指與傳統思維完全不一樣的那種人。真正的人才不是看他學了多少知識，而

是看他能不能承擔風險，不循規蹈矩的做事情。」

在激烈的職場競爭中，沒有或缺乏知識，就如同失去了應戰的本錢。一個人的知識儲備越多，才能便越豐富，核心競爭力也就越強。

小沈和小陸同時被一家軟體公司錄用為程式設計師，小沈畢業於一所國立大學，學的是軟體發展專業，她才華橫溢，設計的程式簡潔明瞭，而且很少會出現漏洞，一開始就贏得了老闆的青睞。而小陸卻是一所普通高校畢業的，甚至她的大學學歷也是重考的，有人傳言說，小陸之所以能夠被錄取，完全是因為上層主管當中有她的親戚。

平常的工作量對小沈而言十分輕鬆，所以她花費了大量的時間在逛商場購物上，而小陸卻只能晚睡早起，才能勉強完成工作任務。為此，小沈總是瞧不起小陸，她甚至說：「和這樣的傻瓜在一起工作，簡直是我的恥辱。」

一年之後，老闆給小陸加薪了，對此，小沈憤憤不平：「只要高層有親戚就可以加薪，完全不考慮工作能力，這樣的公司有什麼前途！」

這時，主管給小沈拿來了一份小陸的設計程式，小沈看後大吃一驚，小陸的程式和原來的相比竟然有了脫胎換骨的變化！簡直可以用完美無缺來形容。

原來，在小沈自鳴得意於自己的才能的同時，小陸卻在勤

奮學習不斷進步。而此時，小陸設計出來的程式已經比小沈的好得多了！

小陸透過自身的努力，提高了自己的能力，取得了絕對優勢的核心競爭力，因此得到了加薪，而小沈卻自己的沾沾自喜而裹足不前。這就看出了一個人能否真正在職場站穩腳跟的關鍵因素——「核心競爭力」。核心競爭力是真正決定一個人能否能取得成功的最關鍵的因素。儘管我們的社會和企業中還存在許多不規範的方面，但隨著社會的進步和企業對管理的理解的深入和制度的逐漸規範，決定員工成功的因素越來越回歸到個人的素養、工作能力等因素。無論是在什麼樣的公司，無論你從事何種類型的工作，能為企業和公司正確解決問題的人，能為企業和公司帶來效益的人，一定會得到企業和公司的重用。

西班牙著名作家巴爾塔沙‧葛拉西安在《智慧書》中寫道：「在生活和工作中要不斷完善自己，使自己變得不可替代。讓別人離了你就無法正常運轉，這樣你的地位就會大大提高。」

不同的人有不同的生存方式，不同的員工有不同的工作能力。重要的不是你具有哪種能力，重要的是你所具有的能力是否是你的老闆和你的企業所不能缺少的。

打造一種核心競爭力，不管是一種情感也好，一種精神也好，或者一種品質、一種能力也好，都可以成為你的核心競爭力。擁有了核心競爭力，你才能競爭激烈的職場中立於不敗之

地,遠離危機。

放棄學習就是走向危機

一個優秀的人是不會放過任何一次學習機會的,即使自己掏腰包接受再教育也在所不惜。因為他們知道,不斷充電就是在逃離危機。

有一幅漫畫,畫上畫著一隻木桶,木桶的邊緣參差不齊,桶中的水便從最短的那塊板的缺口流了出來。漫畫的寓意不言自明,參差不齊的木桶邊緣便象徵著一個人的各種能力,沒有一個人能達到十全十美,正所謂「金無足赤,人無完人」。一個水桶無論有多高,它盛水的高度取決於其中最低的那塊木板,一個人的綜合素養能力便符合這個「木桶原理。每個人都或多或少的存在著一些短處,正如你或多或少的擁有著自己獨特的長處一樣。木桶的木板越長,裝的水就越多。對於一根人來講也是如此,時刻想著把自己最短的那塊「短板」補齊,讓「長板」更長,這樣才能不斷進步,提高你自身的綜合能力,才不會陷入職業的危機。

每個人都有他的「長板」與「短板」,即優勢和劣勢。在職場中,能夠善於發揮優勢,積極補足劣勢,這便是最大的優勢。一個人的優勢與劣勢決定著他的前途與發展,俗話說「好鋼才能夠用在刀刃上」,能把自己的優勢自由發揮出來,才能做

到人盡其才。但是無論你的「長板」有多長，如果你的「短板」比較短的話，那麼它則將會常常拖住你的後腿，成為你成功路上最大的牽絆。因此，在你注重自己的優勢時，同時還要別忘了時刻改正缺點，彌補劣勢，補齊你的「短板」。

富蘭克林當年就有過一段補「短板」的故事。

有一天，富蘭克林在林間散步，突然警覺到，自己怎麼經常會失去一些朋友呢？經過仔細反思然後找到原因，原來是自己太愛爭強好勝，所以始終跟別人處不好。

於是，在新年的前幾天，他大致擬定當年年度計畫後，又坐下來列了一張清單，把自己了解的性格上所表現出來的一切缺點全部列在上面，從最致命的缺點到不足掛齒的小毛病一一列出，然後重新依次排列了次序。他下了極大的決心要在新的一年裡改掉所有缺點。每當他徹底改掉一個毛病，就在單子上把那一項劃去，直到全部刪完為止。結果，他成了成美國最得人心的人物之一，受到大家的尊敬和愛戴。

當殖民地十三州需要法國的援助時，上級派富蘭克林去求援，法國人對他的印象奇佳，他果然不負使命，順利完成任務。

如果富蘭克林不對自己的個性加以檢討，依舊我行我素。如果他也和別人一樣，放縱自己的天生個性不管不顧，如果他仍然不改爭強好勝的毛病……那麼，他絕不可能成功的爭取到法國的援助，而整個美國歷史也將改寫了。

　　德國著名作曲家舒曼說過，「勤勉而頑強的鑽研，永遠可以使你百尺竿頭更進一步」。只要銳意進取，勇攀高峰，不斷補齊自己的「短板」，便能長久保持了創造的生機和活力。

　　明確自身的長處與短處，讓短處不短，讓長處更長，這是職場上避免職業危機的最好方法。不斷努力學習是一個人補齊「短板」、讓優勢更優的最佳途徑。而學習的最大敵人是自己的滿足。我們應該經常對自己的心靈進行「清倉」，「盤點」，看看自己學了多少知識，自己在哪些方面還可以，哪方面還不行，自己最大的優勢是什麼？自己最薄弱的地方是什麼？這些在心裡都應該有個底。

　　在職場上，我們的工作每天都有新的情況，面對新的事物，面臨新的挑戰，學習與工作相伴，工作就是學習。能夠適應工作，實現自我而不被企業淘汰，靠的是實力，而實力來自於自身的優勢，也就是所謂的「長板」。但是，如果因為你的「短板」而拖了你的後腿，就有可能在競爭中被淘汰，陷入職業的危機中，可謂得不償失。所以，即使現代社會的機會再多，如果你不能及時彌補你的劣勢的話，那麼你也必然會逐漸落後於社會。所以我們必須時刻為自己充電，彌補不足，讓優勢更優。

　　在實際工作中，一個優秀的人是不會放過任何一次學習機會的，即使自己掏腰包接受再教育也在所不惜。因為他們知道，不斷充電就是在逃離危機。

　　所以，不論你是久經沙場的職場老手，還是剛剛邁入社會的職業新人，要想獲得晉升加薪、想為自己爭得一席之地，最佳的途徑莫過於彌補你的不足，讓你的優勢更優，這樣才不至於掉進職業危機的泥淖。

目標高遠些，不要只看到眼前

　　有些人心裡常這樣想：「我現在的生活充滿喜悅和滿足，往後要怎麼做才能維持目前的這種狀態呢？」

　　這些人對現狀心滿意足，一心一意想要繼續維持下去。然而，「想要維持現狀」這種觀念是採取「守」的態度，終究會演變成消極的態度，而失去以前所擁有的積極、前進的動力，成長便會停頓。

　　我們不難想像，一個沒有什麼動力的人，他將會是一個什麼樣子。當你將一塊磚頭放在顯微鏡下仔細觀察，你會注意到它不會有任何變化。然而，如果你觀察一個珊瑚蟲，就會發現珊瑚蟲在慢慢的生長變化。其中的道理很簡單，珊瑚蟲是活的，磚頭是死的。

　　不知大家是否看過這樣一個故事：

　　有一個人去都市出差，順便去看望了他的一個大學同學。他的這個同學畢業後去了都市，找了份好工作，又娶了位好太太，生活得很好。這個同學帶他到飯店去用餐。同學雖不缺

錢，但也沒到可以隨便去飯店的能力。所以，他對那位同學說：「都是老同學了，隨便找個地方吃點就算了。」同學看出了他的意思，便說道：「我不是打腫臉充胖子，到這地方來對你對我都有好處。」他不解的問：「為什麼？」同學說：「你只有到這地方來，你才知道自己口袋的錢少，才知道哪裡是有錢人來的地方，你才會努力改變自己的現狀。如果你總去小吃店就永遠也不會有這種想法，我相信只要努力，總有一天我會成為這裡的常客。」

這個人的話你是否深有感觸，他的話不一定對，但他那種不以現狀為目的地的生活態度卻是值得學習的。

英國新聞界的風雲人物、曾是倫敦《泰晤士報》的老闆萊斯勒夫爵士，在剛進入該報時他不滿足於九十英鎊週薪的待遇，也不滿足於人人稱羨的《倫敦晚報》，最後當《每日郵報》已為他所有的時候，他還妄想取得《泰晤士報》，不過最後他終於實現了他的目標。

他一直看不起生平無大志的人，他曾對一個服務剛滿三個月的助理編輯說：「你滿意你現在的職位嗎？你滿足你現在每週五十英鎊的週薪嗎？」當那位職員躊躇滿志，答覆已覺得滿意的時候，他馬上把那人開除了，並很失望的說：「你應了解，我不希望我的手下以每週五十英鎊的薪資即已滿足，而終止他前途的發展。」

　　平凡的人之所以平凡，就是因為他太容易享受眼前而不求進取，一旦得到舒適安逸的位置，便混吃等死。這樣，他一生只會盲目的工作，賺取勉強溫飽的薪資，以靜待死神的光臨來結束自己的生命。他怕因為自己得不到自己想要得到的，所以竭力抑制自己的欲望，推卸自己的責任。

　　至於追求成功的人，那就絕不相同了，他會盡力尋求不滿足的地方，以發現自己的缺點，並作為改進的突破口。不文過飾非，不自炫己長，經常反省自己，絕不放縱，也絕不躲閃。

　　增加欲望，是進步的先決條件，唯有不自我滿足的人才能不故步自封，才能在人生的旅途中找到成功的路。

　　美國某鐵路公司總經理，年輕時在鐵路沿線上做三等列車管理制動機的工人，週薪只有十二美元。有一位資深的工人對他說：「你不要以為做了管制動機的工人，便趾高氣揚，我告訴你，起碼要在四五年後，你才會升遷車長呢！那時你還得小心翼翼，以免被開除，如此才可安度週薪一百美元的一生。」可是他卻冷冷的答道：「你以為我做了車長，就滿足了嗎？我還準備做鐵路公司的總經理呢！」

　　不要只看到眼前。好還要求更好，時時努力超越自己，才能創造一個更美好的人生。做人不創新、不前進、不長大、不發展，只有「死路一條」！所以，要時刻記著：提升自己，發展自己！

在相同的時間做出不同的事

一位名人說過，昨天是一張過期的支票，明天是一張尚未兌現的期票，只有今天才是可以流通的現金。只有今天才是我們唯一可以利用的時間，好好珍惜今日，善加利用吧。

在森林裡，陽光明媚，鳥兒歡快的歌唱著，辛勤的勞動著。其中有一隻寒號鳥，有著一身漂亮的羽毛和嘹亮的歌喉，便到處去賣弄自己的羽毛和歌聲。看到別人辛勤的勞動，反而嘲笑不已。好心的百靈鳥提醒牠說：「寒號鳥，快蓋個窩吧！不然冬天來了，你怎麼過呢？」

寒號鳥輕蔑的說：「冬天還早呢，著什麼急呢！趁著現在的大好時光，快快樂樂的玩吧！」

就這樣，日復一日，冬天眨眼就來了。鳥兒們晚上都在自己暖和的窩裡安然的休息，而寒號鳥卻在夜間的寒風裡，凍得瑟瑟發抖，用美妙的歌喉悔恨過去，哀叫未來。

第二天太陽出來了，萬物甦醒了。沐浴在陽光中，寒號鳥好不愜意，完全忘記了昨天夜裡被凍的痛苦，又快樂的歌唱起來。

有鳥兒勸牠：「快蓋窩吧！不然晚上又要發抖了。」

寒號鳥嘲笑說：「不會享受的傢伙。」

寒冷的夜晚又來臨了，寒號鳥又重複著昨天晚上一樣的故

305

事，就這樣重複了幾個晚上，大雪突然降臨，鳥兒們奇怪寒號鳥怎麼不發出叫聲了呢？太陽一出來，大家才發現，寒號鳥早已被凍死了。

「明日復明日，明日何其多？我生待明日，萬事成蹉跎。」今天你把事情推到明天，明天你又把事情推到後天，一而再，再而三，事情永遠沒完沒了。只有那些善待今日的人，才會在「今天」奠定成大事的基石，孕育「明天」的希望。

每個人從生到死的時間都是差不多的，但是，在相同的時間裡，有些人能夠做很多事情，效率很高，而另一些人卻只能做極少的事情，沒有成就。原因就是因為他們不懂得珍惜時間，沒有養成時間的好習慣。

時間是平凡而常見的，它從早到晚都在運行，無聲無息的，一分一秒的運行著。而時間又是寶貴的，是每個人生命中最寶貴的東西。

人們要成大事，首先要利用好自己的時間，養成合理利用時間的好習慣，因為良好的時間習慣對你的一生有無窮的回報。

時間就是金錢，只有重視時間，才能獲取人生的成功。

巴爾札克說：「時間是人的財富、全部財富，正如時間是國家的財富一樣，因為任何財富都是時間與行動之後的成果，巴爾札克是怎樣珍惜和利用時間的呢？讓我們看看巴爾札克普通一天的生活吧：

　　午夜，牆上的掛鐘敲了十二響，巴爾札克準時從睡夢中醒來，他點起蠟燭，洗一把臉，開始了一天的工作。這是最寧靜的時刻，既不會有人來打擾，也不會有債主來催帳，正是他寫作的黃金時間。

　　準備工作開始了，他把紙、筆、墨水都放在適當的位置上，這是為了不要在寫作時有什麼事情打斷自己的思路。他又把一個小記事本放到書桌的左上角，上面記著章節的結構提綱。他再把為數極少的幾本書整理一下，因為大多數書籍資料都早已裝在他腦子裡了。

　　巴爾札克開始寫作了。房間裡只聽見奮筆疾書的「沙沙」聲。他很少停筆，有時累得手指麻木，太陽穴激烈的跳動，他也不肯休息，喝上一杯濃咖啡，振作一下精神，又繼續寫下去。

　　早晨八點鐘了，巴爾札克草草吃完早餐，洗個澡，緊接著就處理日常事務。印刷廠的人來取墨跡未乾的稿子，同時送來幾天前的清樣，巴爾札克趕緊修改打樣。打樣上的空白被填滿了密密的字跡，正面寫不下就寫到反面去，反面也擠不下了，就再加上張白紙，直到他覺得對任何一個詞都再挑不出毛病時才住手。

　　修改打樣的工作一直進行到中午十二點。整個下午的時間，他用來摘記備忘錄和寫信，在信上和朋友們探討藝術上的問題。

第八章 終身學習，事半功倍好做事

　　吃過晚餐，他要對晚餐以前的一切略作總結，更重要的是，對明天要寫的章節進行細緻縝密的推敲，這是他寫作中一個非常重要的環節，一個必不可少的步驟。晚上八點，他放下了一切工作，按時睡下了。

　　這普通的一天，只是巴爾札克幾十年間寫作生活的一個縮影。從此，我們不難看出一個人要想取得成就，就必須養成珍惜時間的習慣，因為時間是走向成功的保證。

　　有許多人生活了多年還沒弄清楚時間的價值。其實，我們每個人的時間都是有限的，而且再也不會增加了。然而，我們卻可以掌握對時間的需求，並更有效的利用我們能夠自由支配的時間。

　　誰掌管著我們能自由支配的時間？通常來說，你的時間是根本不自由的。因為你把自己緊緊束縛在別人的議事日程上，盲目的追隨著，繁雜的事務，不管它對你是不是有益處。

　　為了避免這種現象，你必須管理好你的生活 —— 也就是管理好你的時間。你要向那些浪費時間的壞習慣挑戰。下面就針對十種浪費時間的壞習慣，向你提出改進的建議。

　　(1) 如何支配贏得的時間

　　如果你按本書中所有的建議去做，會省下很多時間。你每天至少可以獲得一兩個小時的時間另做它用。那麼當你擁有這些額外的時間之後，你該怎麼運用呢？這是一個很重要的問

題，因為如果你不珍惜時間，你的大部分時間也會在不知不覺中消失浪費掉。

因此，你要把握好自己所節省下來的時間並合理支配。最好制定一個計畫來運用這些時間，並分配一定時間用於娛樂方面，去做一些使你更接近於你個人及職業目標的活動。你只有以相當的毅力才能贏得這些寶貴的時間，所以一定要運用得當。

（2）每天做好計畫

沒有哪一位足球教練不在賽前向隊員仔細周密的講解比賽的安排和戰術。而且事先的某些計畫也並非一成不變，隨著比賽的進行，教練會根據賽情做某些調整。重要的是，開始前一定要做好計畫。

你最好為你的每一天和每一週訂個計畫，否則你就只能被迫按照不時放在你桌上的東西去分配你的時間，也就是說，你完全由別人的行動決定你做事的優先與輕重次序。這樣你將會發現你犯了一個嚴重錯誤 —— 每天只是在應付問題。

為你的每一天定出一個大概的工作計畫與時間表，尤其要特別重視你當天應該完成的兩三項主要工作。其中一項應該是使你更接近你雖重要目標之一的行動。在星期四或星期五，照著這個辦法為下個星期作同樣的計畫。

請記住，沒有任何東西比事前的計畫能促使你把時間更好的集中運用到有效的活動上來。研究結果證實了一個反比定理：

當你做一項工作之時，你花在制定計畫上的時間越多，做這項工作所用的時間就會越少。不要讓一天繁忙的工作把你的計畫時間表打亂。

（3）按日程表行事

為了更好的實施你的計畫，建議你每天保持兩種工作表，而且最好在同一張紙上。這樣一目了然，也便於比較。

在紙的一邊或在你的記事本上列出某幾段特定時間要做的事情，如開會、約會等。在紙的另一邊列出你「待做」的事項——把你計畫要在一天完成的每一件事情都列出來。然後再審視一番，排定優先順序。表上最重要的事項標上特別記號。因此，你要排出一、二段特定的時間來辦理。如果時間允許，再按優先順序盡量做完其他工作。不要事無鉅細的平均支配時間，要留有足夠的時間來彈性處理突發事項，否則你會因小失大完成不了主要的工作。

「待做事項表」有一項很大的特點，那就是我們通常根據事情的緊急程度來排定。它包括需要立刻加以注意的事項，其中有些很重要，有些並不重要，但是它有一個缺陷，通常不包括那些重要卻不緊急的事項，諸如你要完成但沒有人催你的長遠計畫中的事項和重要的改進專案。

因此，在列出每天「待做事項表」時，你一定要花一些時間來審閱你的「目標表」，看看你現在所做的事情是不是有利於你

要達到主要的目標，是否與其一致。

在結束每一天工作的時候，你很可能沒有做完「待做事項表」中的事項，不要因此而心煩。如果你已經按照優先次序完成了其中幾項主要的工作，這正是時間管理所要求的。

不過這裡有一項忠告：如果你把一項工作（它可能並不十分重要）從一天的「待做事項表」上移到另一天的工作表上，且不只是一兩次，這表明你可能是在拖延此事。這時你要向自己承認，你是在打馬虎眼，你就不要再拖延下去了，而應立即想出處理辦法並著手去做。

你算好在每天下班前幾分鐘，擬定第二天的工作日程表。對於那些成功的高級經理人來講，這個方法是他們做有效的時間管理計畫時最常用的一個。如果拖到第二天上午再列工作計畫表，那就容易做得很草率，因為那時又面臨新的一天的工作壓力。這種情況下排定的工作表上所列的常常只是緊急事務，而漏掉了重要卻不一定是最緊急的事項。

帕金森教授說得不錯，紛繁的工作會占滿所有的時間。

避免帕金森定律產生作用的辦法似乎很明顯：為某一工作定出較短的時間，也就是說，不要將工作戰線拉得太長，這樣你就會很快的把它完成。這就是你為什麼要定出每日工作計畫的目的所在。沒有這樣的計畫，你對待那些困難或者輕鬆的工作就會產生惰性，因為沒有期限或者由於期限較長，你感覺可

以以後再說。如果你只從工作而不是從可用時間上去著想，就會陷入一種過度追求完美的危機之中。你會巨細不分，且又安慰自己已經把某項次要工作做得很完美，這樣做的結果只能是主要目標落空了。

終身學習，適應社會發展

人類在發展初期，由於征服自然的能力十分低下，難以逾越地理上的險阻，因此不僅文化交流的範圍很小，而且交流的速度也十分緩慢。幾乎每一樣新的發明，都只能在很小的圈子裡傳播，甚至有時還常常得而復失，正如馬克思所說的那樣：「每一種發明在每一個地方都必須重新開始。」所以，在人類漫長的三百萬年的歷史過程中，竟有百分之九十九的時間是在原始社會（即舊石器時代）度過的。那時，人類在各自的誕生的生活，活動的地域不廣，文化交流發展之慢，是可想而知的。「從舊石器時代的遺址中，我們可以發現，那些有了良好環境的人類是不願意遷徙輾轉的，而願意定居一地。在過去的一百萬年中，只有當天氣變化無常、食物短缺、好戰者的侵襲，人類才不得不離開他們的居住地。」

隨著歷史的發展，這種情況逐漸有所改觀。有人曾作過推算，古代兩河流域的文化，是以每年一公里的速度向歐洲推進的。到了鐵器時代，人類征服海洋的能力大大增強，東西方之

在「絲綢之路」之後，又出現了「海上絲綢之路」。此外更有漢代的樓船遠航印度洋、明代的鄭和七次下西洋、哥倫布發現了美洲新大陸、麥哲倫的船隊環球航行等壯舉。人類文化交流的速度大為加快。到了蒸汽機時代，人類從海上和陸地將地球完全打通，世界迅速的縮小，人類的文化開始在全世界的範圍內得到了空前規模的交流。文化發展到今日，其速度已經到了一日千里的程度。如今的電子資訊時代，是人類發展歷史上的一次革命，它把人類的文明帶進到了一個嶄新的境界。「隨著高科技和現代交通運輸的高度發展，再加上空前的人員、物質的大流動，使得世界各民族精神財富的生產、傳播、交流、影響的形式、速度、品質、數量都發生了革命性的變化」。

「而在當代，智慧型手機、電話、電視、行動網路、衛星通訊能在極短的時間內把某種資訊迅速的傳遍全球。正是這種革命性的變化，使得文化開放成為不以人的意志為轉移的大趨勢。」隨著文化，特別是科學技術日新月異的發展，知識更新的週期越來越短，據統計，在十八世紀，知識更新的週期為八十至九十年；在十九世紀至二十世紀初，知識更新的週期就迅速的縮短為三十年；到了二十一世紀，更新的週期又縮短為十年；如今在某些領域，知識更新的週期已經縮短為五至十年了。面對資訊網路全球化這種飛速發展的形勢，任何一個國家和民族都必須加強緊迫感與危機感，因時順勢，大力發展文化交流，及時引進先進的文化，緊緊跟上人類文化進步的步伐。

　　吉格先生在紐約市卡內基學院當講師時，他曾經遇到了一位六十多歲的傑出推銷員叫愛德。愛德做的是廣告生意，他的年薪有七萬五千美元。這筆收入在當時是一筆很大的數目。一天晚上，吉格先生下課後跟他閒聊時，誠懇的問他：「為什麼你要參加三位講師合上的班級，而三位講師的薪水加起來還沒有你的多。」愛德笑著回答說：「吉格，我告訴你一個小故事。當我還是小孩子的時候，有一次，我父親帶我到我們的花園去了一趟。父親可能是鄰里中最好的園丁，他喜歡在花園裡工作，並且以此為榮。我們走了一趟以後，父親問我學到了什麼？當時我唯一見到的事情就是父親顯然在花園中做了許多工作。這時，他有點不耐煩的說：『孩子，我一直希望你能觀察到，只要蔬菜是綠的，它們就能生長，一旦成熟，它們就開始枯萎。』」

　　彼得‧杜拉克說得好：「知識必須經過不斷的改良、挑戰與增加，否則，它就會消失。」

　　我們會花錢去修飾我們的外貌，但有多少人會注意到要花同樣的代價去修飾我們的頭腦？我們應該定期的讀書學習來滿足精神的飢渴，不斷的為自己充電更新，如果這樣，我們成功的機會就越大。

　　一個人在飢餓的時候，他自然而然的靠吃飯來解決這個問題。我們每天填飽自己的肚子，我們又該怎樣充實我們的心靈？大部分人都是在意外或偶然的情況下才會充實它。例如：在很方便或沒有其他事可做的時候才會這樣做。我們平時常常

說沒有時間，這是一個可笑的藉口，如果我們每天有時間去填飽肚子，那麼我們是不是也應該花點時間來充實那幾乎是無價的知識呢？

在許多場合，我們會遇到一些沮喪、消極、失敗、憂鬱、破產，以及不快樂的人，這些人是屬於消極階層，卻又都不願意再充實他們的心靈。他們都迫切需要知識、資訊與靈感，但是，他們卻一直拒絕參加研討會或是閱讀好書、聽錄音。我們傾聽這些人的談話真是有趣，也許我們該用「悲劇」這個詞來形容。當我們提到成功的人，並談到他們如何樂觀與積極時，消極失敗的人會說：「他們的積極與樂觀一點也不值得奇怪，因為他們一年賺五萬美元。如果我一年能賺五萬美元，我也會積極的。」消極失敗的人認為成功的人每年賺五萬美元，所以他們會很積極。這顯然是因果倒置。成功的人之所以能夠每年賺五萬美元，是因為他們有正確的心態。可惜的是，空虛的頭腦和空虛的肚子不一樣，要是空虛的頭腦也要填滿一些東西才能讓主人滿足的話，那該有多好。

真的，在每一個行業，不論是法律、醫藥、銷售、數學、科學與藝術，那些達到高峰或快要達到高峰的一流人物，都是定期參加研討會。他們閱讀好書，定期聽錄音，並積極尋求資料、資訊與靈感，結果，他們一直都在成長中。

為什麼成功的人是積極的呢？反過來說，為什麼積極的人是成功的呢？他們之所以積極，是因為他們定期的以「良好、

有力、積極的精神思想」來充實自己的心靈。就像食物是身體的
營養一樣，他們也不忘每天補充精神食糧。

　　所以，任何人在今天都不敢說：我的知識已經夠用了。在
資訊時代，我們每個人都要確立終身學習的習慣和決心。只
有終身學習，不斷接受新知識，才能適應社會的發展，不斷走
向成功。

做個精通業務的高手

　　做什麼事都要精通業務，成為行家。如何做到這一點，最
根本的一點是虛心學習，博採眾長。

　　尤其是熱門職業的競爭會更加激烈，各人都有自己的擇業
目標，那麼，求職是否有捷徑呢？有，這就是精通業務和善
於學習。

　　美國著名經營學者喬・馬拉斯和大衛・霍拉斯在《成功的
奧祕》一書中講述了這樣兩個故事：有個南非的農場主，一心想
發大財，於是，賣掉賴以為生的農場，離鄉背井去找鑽石。結
果錢花光了，鑽石還未找到，淪為乞丐。可嘆的是，那個買主
就在他的舊農場裡找到了鑽石礦。正當買主大發鑽財的時候，
老農場主在貧困交加中默默去世。

　　有個南美的寡居女農場主人，做夢也想讓兒子成為礦物學
家，賺大錢。她含辛茹苦的把兒子送進大學，獲得了學位。

兒子畢業後，在一家石油公司找到一份工作，回家後，賣掉農場，把母親接到都市，去發展他的事業去了。可惜的是，新的農場主人在他母親經常擠進擠出的一道狹窄石門旁，發現了兩道發亮的痕跡，於是找專家化驗，證實是金礦石，進而找人鑽探，發現了一個大金礦，且是世界上最龐大的金礦之一。

這兩個故事告訴我們，有些人腳下有鑽石，身邊有黃金，卻身在寶中不識寶，硬是要離開本行，遠走高飛，去圖什麼發財，結果讓大好機會白白從眼皮子底下溜走。

知名度較高的企業家，大多數是在本行獲得成功的。比如當年美國的全球首富比爾蓋茲，微軟公司能雄霸天下，與蓋茲本人就是個軟體設計高手息息相關。再比如：美國的汽車大王福特，從第一眼看見路上行走的機械開始，發誓要發明代替人力的運輸工具，於是從機械廠學徒開始，十七年如一日，與機械打交道，不斷摸索，改進，終於創造出當時世界上跑得最快的汽車，因而，自己也成為福特汽車公司的大老闆。又如，香港的「藥材聖手」姚雲龍，開始在藥店當學徒，後來與師兄弟合開藥店，最後，自己獨開藥行，最終成為香港和台灣以及東南亞最有名的中藥行。再如，劉延登，十七歲那年，到外地闖天下，被一家磚瓦廠錄用。他一邊當苦力，一邊鑽研如何使產品更好。由於他做得出色，不久便成為工頭。繼而，他借錢承包了磚瓦廠，當年就賺了兩百萬元。以此為基礎，他進一步擴大經營，不到十年時間，他的企業資產達到上億元。這類事例，

不勝枚舉。

　　為什麼精通本行容易獲得成功呢？

　　(1) 容易贏得客戶的信任

　　在生意場上，一個經銷者如果能對自己的商品瞭若指掌，不但能說出它的每一道工序及工錢，它的用料及價格，還能說出它跟其他同類產品相比獨有的特點與優點，又能正確而熟練的回答客戶的質疑，那麼，只要價格合理，客戶定會欣然向他訂貨的。為什麼？因為他在客戶心目中是一個行家高手。客戶自然的對他的商品建立起了信任感。相反，如果一個經銷者對自己所經銷的商品，一問三不知，對用料、工序和特性等說不出 ABC，那麼，十有八九的客戶會搖頭。

　　(2) 容易贏得屬下的擁戴

　　經營實際表明，一家企業要做好，屬下員工真心擁戴主管，與主管同心協力，至為重要。而主管贏得屬下真心擁戴的最重要一項，是本身的業務精通，技術堅實。拍立得跨國公司的老闆藍得，是一個尚未畢業就投身光學研究的人。他從獲得的光的偏極板專利開始，到發明立刻線等等，至今擁有兩百四十多項發明。他是國際上公認的光學權威。他在自己創辦的拍立得公司裡，從他的副手到司機，上上下下，無不對他非常尊敬，打心底竭誠擁護。因而，他的公司精誠團結，成就驚人。有專家統計，在一九三○年代公司初期，買他的一百美元

股票，現在已經升值三十多萬美元。

(3) 在熟悉的本行做生意不易上當受騙

生意場上，欺負生手是人人皆知的，而本行生意則可能少吃一些虧。有位先生原來在紡織系統工作的，前幾年聽說做塑膠原料生意很好賺錢，就掛起化工原料公司的牌子。第一次，他做國外進口原料，因為型號搞錯，貴進貴出，虧損十萬元。第二次，他進了走私貨，本想扳回第一次的老本，大大撈一筆，誰知請內行的朋友一看，是假貨。他想追回損失，但是走私者，早已攜款逃之夭夭。就這樣，他東拼西湊弄來的五十萬元本錢，很快就化為泡影。

所以，做什麼事都要精通業務，成為行家。當然，說本行容易成功，關鍵在於一個「精」字。所謂「精」，就是對本行的技藝、事務都要精通，且要有過人之處，有獨到之處。如何做到這一點，最根本的一點是虛心學習，博採眾長。

讀書可以提高個人素養

社會生活的發展變化，使很多人變得浮躁，整天急急忙忙在生活中尋找自己的出路，很少有人能夠靜下心來讀讀書。人們離書越來越遠的時候，讀書就越來越成為了一件高雅和超然的事情。換了裝幀、變了價格的書出了書店，進入商店，漸漸的就成了購物者「品味」的象徵；又有人學著流行歌曲的樣子，

把新舊書目也列成「排行榜」，引導著讀者們認清書的時髦與落伍；還有些人雖然早已無心看書，但因確曾讀過些書，長久不讀又頗惶惶然，於是就專門闢出一個書房，置買些精裝書籍，也好落得個「書香滿室」的坦然。

讀書歷來講究很多，過去的文人還會弄出些「淨手焚香」、「紅袖添香」的韻事來。那時候，讀書的確是一種很高貴的行為，不是三六九等都能隨意為之的，因此，書，成了文人們腳下的台階和手裡的招牌，書使他們總是能滿懷優越感的居高臨下。而「書中自有黃金屋」這樣的名言表面上看似超脫，仔細想來也極具功利性，它給人的感覺是：讀書可以達到某種目的，或替代某種目的，而讀書的樂趣也正在於獲得了目的的變通。讀書是人生的一大樂趣，可是也有境界高低之分。

人的悟性不同，所達到的境界也不同。

第一境界：盡信書

剛開始的讀書人，覺得書裡講的都是對的。道理很簡單，白紙黑字在那裡，那還有假？不過這時的人，讀書是為了功利，為了前途讀書，書讀過用後就忘。這是讀書的最低境界。

第二境界：亂讀書

這時的讀書人，因為喜好而讀書，一看見書，就有讀的欲望，不管書的內容適合不適合自己，是書就讀，囫圇吞棗。讀的書積在肚子裡，消化不了，卻以讀書多而沾沾自喜。

第三境界：懷疑書

這時的讀書人讀的書精而專，有了自己的看法。開始了橫向比較，發現了書中的錯誤。開始覺得寫書人也不對，開始對書中的錯誤挑剔，每發現一處前人沒有發現的錯誤，就高興得睡不著覺。

第四境界：理解書

這時的讀書人，因為精研，理解了寫書人的心，不再吹毛求疵，將心比心，與作者有心心相印的默契，知道了立言的難處。

第五境界：不看書

這時的讀書人，對一切融會貫通，放眼書林，不過是那些話在換說法，看一切書，猶如晴空皓月。

其實讀書本身並未見得怎樣的超凡脫俗，所有的神祕與雅致都來自於字裡行間的精妙，而閱讀的行為，實在只不過是一種習慣；至於讀什麼、怎麼讀，每個人則又各不相同。都說「需要是最好的老師」，我們總是挑那些離我們最近的和最感興趣的文字來讀，免不了的，在某一天就會感嘆：「書到用時方恨少」。就像飲食營養不均衡會導致身體出問題一樣，閱讀時的偏頗和經歷的局限，也會使我們難以極目遠望。而世界則在一刻不停的，紛繁的變化著，我們從書上閱讀來的或許是最深刻、最重要的東西，但那些更鮮活、更靈動的部分轉瞬即逝，卻又是我

們身邊不可錯過的風景。人類的歷史越漫長，需要閱讀的文字就越繁雜。在今天，除了紙上的文字，可以參考的還有網路資訊、電視、電影等，它們不同於書，不同於閱讀，但卻極易形成習慣，而且，雖有浮躁之嫌，但的確能在最短時間內提供最大量的、最豐富的資訊。

但讀書的習慣還是會存在於很多人的生活裡，學無止境也罷，附庸風雅也罷，這習慣總歸是有益無害的，只是別用書做幌子，似乎沾點筆墨就可以脫胎換骨，甚至有些教女人美容的篇章裡也特別提到讀書，好像它比健身操和化妝品還要功效顯著，可以使女人們在青春長駐之外還可魅力永存。但這些作者卻都沒有提醒女人，閱讀不可能像化妝品和換衣服那樣，讓她們在瞬間變得光彩照人；而且在長年累月的閱讀之後，伴隨著品位與氣質或多或少的變化，更不可避免的可能將是眼鏡、眼袋和發澀的眼睛。

所謂「讀一本好書，就如同和許多高尚的人談話」，也不過是讀過之後的回味。今天讀書已是人人可為之事，誰都可能有閱讀的習慣，不過有人看晚報上的社會新聞，有人看大部頭的深奧論著，雖說差異極大，但獲得的快樂卻是一樣的。

一旦成為習慣，閱讀自然就是必需的了，用不著包裝的矯情，它就像是我們經常見面的朋友，分手時隨口說一句：「明天還在這裡，不見不散。」

　　一切就是這麼簡單。閱讀並不能直接讓我們獲得多少實惠，它只不過是一種習慣，一種好的習慣。

　　高爾基說：「書是人類進步的階梯」，如果我們把它理解為「書是人類養怡之良師」，也投有什麼大錯。古人在讀書學習的時候，有「書中自有黃金屋，書中自有顏如玉」等等，這當然是「讀書至上的偏頗，但在浩浩書海中，確實有不少教人清心寡欲、養生怡性的篇章。且不說專講養生的論著，僅讀一讀那些膾炙人口的詩文，往往就會令人俗念頓消、心安神泰、通體舒展。

　　因此，我們行養怡之道，應該將讀書作為不可或缺的一項。人生在世，豈能事事稱心，處處順遂？在有悖於本意之際，如果將苦悶鬱結於心而久久不能釋懷，就極易生病。假如我們讀一讀於謙的詩句：「書卷多情似故人，晨昏憂樂每相親。眼前直下三千字，胸次全無一點塵。」難道不會與其產生共鳴而摒棄種種煩惱嗎？英國哲學家賓莫爾說：「一間沒有書的屋子，正如一個沒有窗戶的房間。」如果我們能與書為友，便是有幸居於窗明几淨、空氣清新的雅室，不致墜入黃庭堅所謂的「人不讀書，則塵俗生其間」那樣的穢境。

　　歌德寫出了《少年維特的煩惱》一書後，醫好了嚴重的精神危機；納博科夫完成了《洛莉塔》，也就擺脫了鄉土的焦慮⋯⋯他們都能對症下藥，使自己成為自己心靈上的醫生。

　　而書，對於讀書人而言，起碼是這一劑藥吧。一劑能醫俗的藥。用心讀書，即能醫俗。就像在嚴禁假藥一樣，我們讀書之際也要用心，書儘管無真假之說，但偽書、劣書，也有很多。

　　讀書是迅速獲得知識的法寶，它可以使我們足不出戶就能夠深刻的了解整個世界，它可以提高我們的生活品質，是對我們人生的完善。而身心皆健應是人生的最佳狀態，西漢文學家枚乘的名賦《七發》中那個楚太子，「久耽安樂」，致使「百病咸生」。假使他對物質享受有所節制，抽點時間，找點空閒，帶著疑惑，常把書看看，通「天下之精微」，曉「萬物之是非」，哪裡還會有「大命乃傾」的厄運。

　　要閱讀各種成功人士的傳記和自傳。當我們閱讀亨利・福特、林肯、愛迪生、卡內基、華盛頓等人的故事時，要想不受感動是很困難的。我們以這些故事中的人物為榜樣來激勵自己，這樣我們就會在許多方面獲得提升。當我們見到他們的成功，也會告訴自己同樣能夠獲得成功。

　　英國著名的戲劇家莎士比亞曾說過：「書籍是全世界的營養品，生活裡如果沒有書籍，就好像是大地上沒有陽光；智慧裡如果沒有書籍，就好像鳥兒沒有了翅膀。」

　　法國傑出的文學家司湯達說：「讀書使我在普遍的野蠻中有了恢復文明的感覺。」

　　俄國唯物論哲學家赫爾岑說：「書是這一代對另一代的精神

上的遺訓。」我們權且將其所言之的「精神」，狹隘的理解為生理意義上的「精神」。那麼，透過讀書，我們總會辯證的汲取對養怡有益的教誨，常使胸中無塊壘，性情豁達，神態怡然，再輔之以其他的手段，我們的身體自然會棒棒的。除書之外，報章雜誌，對聯碑帖，大凡有益於開闊胸襟，遠離俗物，引人求寧靜、生雅趣之讀物，盡可捧來一飽眼福，一清神志。做個坦蕩君子，愉愉快快的生活，踏踏實實的工作。書，既是我們的益友，也是我們的良醫。

一本好書可以改變無數人的命運。

晚上回到家後，先不要忙著打開電視機，你可以在家裡為自己辟出一個安靜的地方，放上一段美妙的樂曲，找一本自己喜愛的書籍，好好享受一下安靜和溫馨的感覺，聽一聽自己心靈的感覺。這時候，你的思想就放鬆了，心情就平靜了。你的心靈不再受到欲望的困擾，你不再會擔憂或有其他的煩惱。

有一種大家沒有注意到的東西正在氾濫，它在影響和削弱著我們的思考力，它的名字叫資訊。每天每時每刻，這些隨時由各處湧來的各種資訊，把我們頭腦裡的每一個角落都塞得滿滿的，把我們的知識和理解力都擠了出去，使我們不能專心考慮當前的問題。

現在是資訊過度的時代，要想逐一過目、處理所有資訊，就得消耗你大部分的能量，無暇顧及工作、家務、愛好等。這

種情況如果持續下去，就會因過度緊張而導致行為反常。這種資訊過剩難以處理的環境被稱為「超負荷環境」。

人類健忘，書籍也許是科技方面最偉大的成就之一。它把荷馬、柏拉圖、狄更斯、瑪律克斯等人的文字送到我們的書房和床邊。自從發明了紙張和印刷術以來，死人也可以說話了，可以向千萬人說話。英國哲學家培根在一九〇五年曾說：「如果船的發明被認為十分了不起，因為它把財富貨物運到各處。那麼我們該如何誇獎書籍的發明呢？書像船一樣，在時間的大海裡航行，使相距遙遠的時代能獲得前人的智慧、啟迪和發明，書籍是人類大部分知識的記錄、催化劑和刺激品。」

那麼書籍和資訊的區別在那裡呢？

「書有長久的價值」。當天的報紙可能會進垃圾桶，而當天買到的書籍卻安然的立在我們的書架上。詩人龐德說：「文學是歷久彌新的新聞。」書是載運知識的工具，越長久存在就越有價值，而資訊傳播則靠隨時作廢而越益發達。

「書是累積的」。一位作家的新作問世使我們想去讀他早期的作品，愛因斯坦的著作誘使我們去讀牛頓、伽俐略、哥白尼的書。新知識補充舊知識，新資訊代替舊資訊，就好像是今天的報紙提醒我們昨天的報紙是如何的荒謬或不完善。

「書有焦點」。書報告我們關於某些事物的具體內容。圖書館是按照書的類型編目的，它有系統性，但報紙和廣播則大部

分只注意何時，而不注意何事，它們報導昨天以來所發生的任何事情。

「書建立傳統」。書是建立文明的磚和瓦。我們在發掘古代名著之際充實了我們自己，然後，我們寫出更好的書，傳給更多的人，更為深刻，更為長久。

當然，我們生活在資訊時代，我們都需要資訊。作為公民、消費者，我們需要資訊。我們的科學技術人員更需要它，以求趕上時代而不落伍。

因此，問題不在於資訊無用，而是在於資訊發展太快了，使我們不知所措。更糟糕的是，資訊使人上癮，我們每天都渴望得到它，因此我們不知不覺的花費了大量的時間和精力閱讀了許多無關緊要的東西。

結果，我們這個時代便出現了一種追趕潮流的人叫「趕上時代的人」。他們知道的東西很多，但卻愚昧，甚至連最基本的常識都不知道。這種人也許知道許多國家元首的私人怪癖，明星的行蹤，產油國漲價的威脅，但如果涉及到知識的領域，談及外交政策、經濟、政治，他們卻茫然無知。

「充電」就是投資自己

無論你學了多少知識，它都會累積在你的腦中。成為你自己的東西，永遠不會消失！將知識轉化為前進的動力，你的遠

大目標就會近在咫尺，你離成功就會只有一步之遙。

要想達到令人滿意的學習效果，必須具備堅實的基礎。基礎不是一天就可以打好的，它需要一個艱辛的累積過程。「不積跬步，無以致千里；不積小流，無以成江海。」等到「積土成山，積水成淵」之時，也就是你學有所成之時。

瓦爾特‧司各脫爵士有一句名言：「每個人所受教育的精華部分，就是他自己教給自己的東西。」已故的爵士班傑明‧蒲隆地先生時常愉快的回憶起這句話來。他過去常常慶幸自己曾經進行過系統的自學，這一名言同樣適用於每一個在文、理科或藝術領域內的成就卓著者。學校裡獲取的教育其價值主要在於訓練思維並使其適應以後的學習和應用。一般說來，別人傳授給我們的知識遠不如透過自己勤奮學習所得的知識深刻久遠。自己掌握的知識將成為一筆完全屬於自己的財富。

在資訊社會，知識是要經常更新的，這十分重要。有的人掌握的知識的確很豐富，但也未免在自鳴得意的同時遇到不可救藥的麻煩。我們必須知道，追求知識永遠沒有止境，只有我們不斷堅持努力學習，不斷更新知識，才能適應和跟上社會的發展。

根據個人的發展方向。適時的選擇需要學習的知識範圍，制定切實可行的學習計畫，積極的進行自主學習，並把學到的東西應用於實踐，透過實踐來檢驗學習效果。在不斷的學習與

檢驗中，完善自我，走向出色。學習，應該成為每天必須完成的任務，做到「活到老，學到老」。

如果你是一個精明的人，你就應該學會用時間為自己「投資」，為自己「充電」，不斷提高自身素養，以培養自己適應未來社會的能力。

上學是幸福的，我們在學校的時候，不用擔心生存的艱難，不用考慮下一步如何找到自己的落腳點，總而言之，求學時期是最輕鬆的時光，也是「充電」的最佳時機，但是又想早一點離開學校，獲得自由，而且自己還能賺錢花，因而上學時對「充電」的認識還是把握不住的。

在離開校園生活好多年之後，你或許有時還在惦念那段「充電」的日子，但時光是不能倒流的。最現實的做法是不妨研究研究自己腳下的路該如何走。當然，要走好「路」，先要思考思考離開學校以後，如何進一步給自己「充電」。

「自主學習」是從學校裡出來後，為進一步加強自身實力，而隨著時代的步伐掌握原來在課堂上沒有學到的新知識、新內容。學習，是每天的任務，正所謂「活到老，學到老」。一旦一鬆懈，別人很快就會超過你，而你不僅很辛苦，而且因為人家也在不斷進步，以致你想超過也幾乎不可能。一個善於堅持不懈學習的人，即使底子較差，前途也一定是光明的。對於國家來說也如此，一個善於學習的國家，一定是有希望的國家，當

然，國家的希望也在於國民能不斷透過學習提高素養。

常聽人抱怨：「春天不是讀書天，夏日炎炎最好眠，等到秋來冬又至，不如等待到來年。」其實，這只是懶人的藉口。不論你有多忙，一天中抽出點時間來學習，有百利而無一害。愛因斯坦說過：「人的差異在於業餘時間。」

究竟學什麼呢？自主學習，就是自己給自己安排「課程」和「課本」。這裡的「課本」並不是指現成的書籍，而是完全結合自身實際來設計學習計畫。一方面要把你自己將來要從事的工作和目標作為選擇「課程」的依據，從而確定「專業課程」。如果你將來想做企業老闆，就要把經營管理和財務作為主要課程；如果你將來想成為專業技術主管，不僅要學習與專業有關的知識，還要學習人力資源管理方面的內容等等；另一方面就是要把鍛鍊自己做人的素養，以及社會適應和競爭能力，當作學習的目標，因為，這是最關鍵的。

而我們的課堂在哪裡？「課堂」就是社會，具體而言就是我們所處的環境。而你接觸的每一個人，無論是同事、下級還是主管，都是你的老師。

諾貝爾物理學獎獲得者楊振寧，一次在圖書館看書時，很快就進入了狀態，忘記了身邊的一切，包括時間。不知道過了多久，圖書館鈴聲響了好幾遍，管理員催促大家離館。可是楊振寧專注於自己研究的資料，完全沒有意識到時間的流逝。就

這樣，他在圖書館裡過了一夜。楊振寧非常珍惜時間，在他的時間表裡，沒有節假日的安排。長期的磨練，使他可以珍惜分分秒秒進行思考和演算。

古時候就有「頭懸梁」、「錐刺骨」的傳說，那是古代人激發大腦潛能的辦法。現代人很少有人能下如此大的決心來激勵自己。但是科學的使用大腦就可以使你的大腦發揮出超常的潛能。

第一，要確立遠大的目標，有目標才會產生動力。

第二，要與你的惰性作鬥爭，不能讓智慧總是沉睡。

第三，發揚吃苦精神，刺激潛能發揮。

第四，要與更高更強的目標比較，常言說：不比不知道，一比嚇一跳。這一嚇就會刺激你的潛能爆發出來。

你要知道，人腦的潛力是無限的，我們一般人只使用了人腦的極少的能量，還有極大的一部分有待於我們去開發，去合理的利用。

如果我們能利用人腦的百分之十，就可以使我們的生活徹底來一個根本性的改變。我們就可以實現我們的所有夢想。

知道你的大腦還有很大的開發天地，你就不會對自己失望，你就還有機會去實現你的夢想，只要你努力，你就會如願以償。

電子書購買

國家圖書館出版品預行編目資料

強者找方法, 失敗者製造問題：昨天是過期的支
票, 明天是尚未兌現的本票, 只有今天是可以流
通的現金 / 林庭峰, 吳學剛編著 . -- 第一版 . --
臺北市：崧燁文化事業有限公司 , 2022.02
　面；　公分
POD 版
ISBN 978-626-332-014-7(平裝)
1.CST: 成功法
177.2　　110022199

強者找方法，失敗者製造問題：昨天是過期的支票，明天是尚未兌現的本票，只有今天是可以流通的現金

臉書

編　　著：林庭峰，吳學剛
發 行 人：黃振庭
出 版 者：崧燁文化事業有限公司
發 行 者：崧燁文化事業有限公司
E - m a i l：sonbookservice@gmail.com
粉 絲 頁：https://www.facebook.com/sonbookss/
網　　址：https://sonbook.net/
地　　址：台北市中正區重慶南路一段六十一號八樓 815 室
Rm. 815, 8F., No.61, Sec. 1, Chongqing S. Rd., Zhongzheng Dist., Taipei City 100,
Taiwan
電　　話：(02)2370-3310　　　傳　　真：(02) 2388-1990
印　　刷：京峯彩色印刷有限公司（京峰數位）
律師顧問：廣華律師事務所 張珮琦律師

定　　價：450 元
發行日期：2022 年 02 月第一版
◎本書以 POD 印製